Lerch
Muhammads Erben

Wolfgang Günter Lerch

MUHAMMADS ERBEN

Die unbekannte Vielfalt des Islam

Patmos Verlag Düsseldorf

Professor Josef van Ess gewidmet,
dem ustādh al-kabīr.

Die Deutsche Bibliothek – CIP-Einheitsaufnahme

Lerch, Wolfgang Günter:
Muhammads Erben: die unbekannte Vielfalt des Islam
Wolfgang Günter Lerch. –
1. Aufl. – Düsseldorf: Patmos, 1999
ISBN 3-491-72410-4

1. Auflage 1999
Umschlagbild: © Reuters
Satz: Typo Fröhlich, Düsseldorf
Druck und Bindung: Friedrich Pustet, Regensburg
ISBN 3-491-72410-4

Orient – Okzident

Geheimnis!
Gottvertrauen!
Kismet!
Holzgitter, Karawanserei, Karawane
ein Brunnen zum Gebet!
Und die Sultane,
tanzend auf einem Silber-Tablett!

Maharadscha, Padischah,
Ein tausend Jahre alter Schah.
An den Minaretten perlenbestickte Schuhe;
Und Frauen mit hennagefärbten Nasen
Besticken mit ihren Füßen einen Rahmen.
Imame mit grünen Turbanen
rufen durch den Wind zum Gebet!

Das ist der Orient,
den der französische Dichter sieht.
Das ist der Orient jener Bücher,
die jede Minute und in Millionen
die Druckerpresse verlassen.

Doch weder gestern noch heute
gab oder gibt es einen solchen Orient,
und einen solchen Orient
wird es auch morgen
nicht geben ...

NÂZIM HIKMET

Inhalt

Vorwort
oder Eine Religion fordert den Westen heraus

„Der Irrglaube, daß nur das rational Erfaßte oder gar nur das wissenschaftlich Nachweisbare zum festen Wissensbesitz der Menschheit gehöre, wirkt sich verderblich aus."
KONRAD LORENZ

Daß der Islam eine Herausforderung für den Westen sei, kann man jetzt überall lesen. Zuweilen hat es den Anschein, als seien Polemiken wiedergekehrt, die in vergangenen Jahrhunderten zwischen dem Okzident und dem Orient eine Rolle spielten. Der Anlaß dafür mag in der Existenz dessen zu suchen sein, was mit einem höchst unzureichenden Wort als islamischer „Fundamentalismus" oder „Islamismus" bezeichnet wird; doch die eigentliche Ursache dürfte viel tiefer liegen. Die islamische Militanz ist nämlich zunächst wohl eher ein Oberflächenphänomen, das zwar hartnäckig ist, aber mittelfristig doch in rein politische Zusammenhänge hineingehört. Auch in anderen Gegenden unserer Welt spielen sich bewaffnete Konflikte ab, die – wenigstens zu einem Teil – in ungelösten sozialen, ökonomischen und politischen Schwierigkeiten und Verwerfungen wurzeln mögen und unter dem Vorwand irgendeiner Ideologie politisch bemäntelt und moralisch gerechtfertigt werden. Die verheerenden Sprengstoffanschläge muslimischer Eiferer im vergangenen Sommer in Nairobi und Daressalam, die sofort amerikanische Vergeltungsmaßnahmen in Gestalt von Raketenangriffen auf Ziele in Sudan und Afghanistan hervorriefen, sind, so gesehen, als ein Phänomen zu werten, das in diesem politisch-sozialen Zusammenhang gesehen werden muß. In den schwarzafrikanischen Ländern südlich der Sahara riefen diese Ereignisse übrigens, wie man sich denken kann, blankes Entsetzen hervor, war diese Region der Welt doch bisher von solcherart Auseinandersetzungen verschont geblieben. Und so verschreckt die Schwarzafrikaner ob dieser Sprengstoffanschläge auch gewesen waren – die fast blindwütig anmutenden Vergeltungsschläge der Amerikaner konnten sie nicht beruhigen.

Die Erfahrung zeigt, daß eine solche bewaffnete Militanz weitgehend eingedämmt werden kann, sobald es der Politik gelingt, den bedrückendsten sozialen Turbulenzen und Konflikten die Spitze abzubrechen und Krisen politisch zu lösen. Das ist schon schwer genug. Hinter der „islamischen Militanz", auch hinter dem „Fundamentalismus" erstrecken sich freilich geistige Landschaften und menschliche Gewohnheiten, die ihre Entstehung Jahrhunderten, wenn nicht Jahrtausenden verdanken und nicht in jenen oft billigen Gleichungen aufzulösen sind, die eine westliche Wissenschaft allzu gerne für das non plus ultra hält: daß nämlich hinter allen geistigen Phänomenen „nur" soziale und ökonomische Strukturen stünden. Wenn dem so wäre, wäre die Sache einfach. Man änderte die Struktur und damit auch alles andere. Gerade der Islam zeigt jedoch, daß kulturelle Entwicklungen und Erscheinungen einen Eigenstand und Inhalt besitzen, der nur in Grenzen von einem so definierten sozialen oder ökonomischen „Unterbau" abzuhängen scheint. Äußerlich hat sich der Islam in den vergangenen Jahrzehnten deutlich erkennbar modernisiert.

Zu Beginn des 20. Jahrhunderts hatten viele Euopäer, im Bewußtsein der vorgeblichen Überlegenheit ihrer Kultur, dem Islam schon die Totenglocke geläutet. Über kurz oder lang werde diese Kultur, die in einer – selbstverständlich überholten – Religion gründe, den Weg alles

Irdischen gehen und sich im Meer der Geschichte auflösen, auf daß Fortschritt und Wissenschaft immer weiter die Erde eroberten. In diesem Sinne äußerte sich zum Beispiel Lord Cromer, der englischen Reichsverweser in Ägypten. So dachte auch Ernest Renan.

Heute, an der Jahrtausendwende, bietet der Islam jedoch ein ganz anderes Bild. Nicht daß er wirklich stark wäre (das ist er nun gerade nicht); jedoch trotz seiner vielen Defizite auf gesellschaftlichem, politischem und geistigem Gebiet hat er sich erholt und stellt schon noch etwas mehr dar als jene „schöne Leiche", als die ihn der französische Journalist Peroncel-Hugoz vor Jahren einmal bezeichnet hat.

Es ist schon wahr: Auch in der islamischen Welt lockt die Moderne, sind die Jugendlichen oft nicht mehr bereit, den Alten immer und überall zu folgen, sind viele Traditionen, Sitten und Gebräuche der Entwicklung unserer modernen Welt zum Opfer gefallen. Weltliche Interessen, die Faszination durch Fernsehen und Film, Computer und ein Lebensstil, der immer größere „Lebensfreude" verspricht, üben eine fast unwiderstehliche Anziehungskraft auf viele Muslime aus, wie sie das auch in anderen Teilen der außereuropäischen Welt tun. Daß man im Orient weniger Interesse am Geld, an der Macht oder am Sex hätte als im Westen – nur Naive können dies behaupten.

Und doch: Während das christliche Abendland schon lange abgedankt hat und nur noch in Anführungszeichen und mit verschämter Attitüde hier und da einmal Erwähnung findet, beharren die Muslime auf der *Islamität* ihrer Kultur. Selbst die Bekenner eines nur verwässerten Islams sind nicht bereit, ihren traditionellen Glauben einfach zur Disposition zu stellen; ja, gerade die heute gebildeteren Laien in der islamischen Welt, die oft eine westliche Ausbildung als Akademiker genossen haben und einen Großteil der Islamisten stellen, verteidigen den Islam gegen die westlichen (und östlichen) Gebildeten unter seinen Verächtern. Mag auch vieles heruntergekommen sein in jener Region, für die der Westen einst das vieldeutige Wort „Orient“ erfand – Gott hält dort noch seine Stellung, im Guten wie im Bösen.

Dies ist die eigentliche Herausforderung des Westens. Zumindest in Europa hat das Christentum weitgehend abgewirtschaftet, mag auch die Institution Kirche weiterexistieren. Die Verweltlichung, in Renaissance und Reformation vorgebildet, schreitet offenbar unaufhaltsam voran. Dem äußerlichen Bekenntnis zu einer christlichen Kirche entspricht selbst bei vielen sogenannten Gläubigen in vielen Fällen innerlich nichts. Der umfassende Positivismus, der im 19. Jahrhundert zur Krankheit der Intellektuellen geworden war, ist heute in die Massen eingedrungen. „Ich glaube nur, was ich sehe“ ist so zum wesentlichen und philosophisch besonders törichten Credo all jener geworden, die sich für besonders kritisch, weil „realistisch“, und für auf der Höhe der Zeit halten. Besonders beliebt ist es auch, sich eine private Religion zu zimmern: ein bißchen Esoterik, vermischt mit etwas Einstein oder Hawking, dazu, für das Alternative, Hildegard von Bingen. Hinzu kommen unbewältigte geistige Exkursionen in das Land der Wiedergeburten, in das ferne Tibet oder Sri Lanka.

Zwar ist es noch nicht so weit, daß ein Film- oder sonstiger Medienstar, anzügliche Liedchen trällernd, sich „Jesus“ nennt; doch mit der Madonna, die noch ein Novalis auf innerlich ergreifende, romantisch-poetische Weise andichtete oder die einem Paul Claudel zum Vorbild für viele seiner Frauengestalten wurde, ist das längst geschehen. Eine Weltlichkeit ohne tieferen Sinn, die selbst aus dem Eros (der wahrhaftig auch ein dunkler Gott sein kann) alles Tiefgründige getilgt und ihn zum bloßen Sex-Spaß deformiert hat, verkörpert oft in künstlerischer Mittelmäßigkeit, hat jenen Thron erobert, auf dem einst das Göttliche und Heilige saßen. Restaurants und Nachtlokale ziehen in alte Kirchen ein, während man gleichzeitig etwas daherredet von den Gefahren der Gentechnologie für die „Heiligkeit des Lebens“. Um sie sorgt man sich angeblich Tag und Nacht. Warum? Worauf gründet sie? Und warum soll denn nicht alles zugrunde gehen, wofür Mephisto, Hitler und Stalin ganz entschieden plädiert haben? Bewahrung der Schöpfung, damit der Spaß niemals ein Ende nimmt? Reicht das aus?

Gleichzeitig sucht mancher unermüdlich den Sinn in den Weiten Asiens, bei den Schamanen, oder tätowiert sich wie weiland die Bewohner Tahitis.

Es kann nicht darum gehen, die Entwicklung der letzten Jahrhunderte in Europa unterschiedslos zu schmähen. Die europäische Aufklärung war nicht jener „Aufkläricht“, als der sie von manchen Reaktionären verleumdet worden ist, sondern eine wirkliche Befreiung aus „selbstverschuldeter Unmündigkeit“, wie Kant schrieb. Doch würden sich gewiß manche Aufklärer, er eingeschlossen, im Grabe umdrehen, wenn sie sähen, was der nun „mündige“ Mensch Europas aus sich gemacht hat und noch macht. Und vor allem auch, was er manchmal aus anderen macht und gemacht hat. Hier empfiehlt sich die Lektüre jenes hochaktuellen, doch weitgehend vergessenen Buches von José Ortega y Gasset über den „Aufstand der Massen“. Wie gern hörte man wieder einmal aus dem Munde eines unserer Verantwortlichen, daß man auch nach Tugend und nach Vervollkommung im Geiste streben könne, nicht nur nach weiterer Selbstverwirklichung um jeden Preis. In der europäisch-westlichen Kultur herrscht die paradoxe Situation, daß in einer Gesellschaft, die mehr Freiheiten als je zuvor gewährt, alle diejenigen Menschen zunehmend als Fremdkörper gelten, die unter Berufung auf ebendiese Freiheit ein edles Leben führen wollen. Hingegen feiert ein als „Liberalität“ ausgegebener Massen-Konformismus fröhliche Urständ, den alle als Individualismus und Selbstverwirklichung anpreisen.

Im Zusammenhang mit der heutigen Herausforderung westlich-säkularer Wohlstandswelt durch den Islam nun ist viel vom Dialog der beiden Religionen die Rede. Aber ist es nicht längst ein ungleicher Dialog geworden, der erstens kaum Platz greift, und zweitens, wenn er denn regelmäßig stattfände, auf Unterschieden gründen würde, wie sie größer gar nicht mehr sein können? Kann eine Kultur wie die europäische, die immer mehr ihrer einstigen religiösen Werte preisgibt, überhaupt noch verstehen, was selbst ein traditioneller, nicht-fundamentalistischer Muslim glaubt, was ihn bewegt und seinen Alltag trägt?

Wie die geistige Situation der Europäer, der früheren „Christen", sich in Zukunft gestalten wird, weiß niemand. Sie werden es schwer haben, ihrem sich neuerlich vereinigenden Kontinent mehr zu geben als Bilanzen und einheitliche Wechselkurse. Da war doch das Mittelalter in vielem schon europäischer. So viel Europa, wie damals, war nie.

Eine Mißachtung des Individualismus, wie man vermuten könnte, soll mit diesen Bemerkungen freilich nicht verbunden sein. Der Verfasser der nachfolgenden Betrachtungen ist ein begeisterter Europäer und Individualist. Er wendet sich auch gegen alle totalitären Formen der Religion, im Islam ebenso wie anderswo. Den Islam als Religion wie als Kultur im Sinne eines modischen Relativismus mit den wichtigen Errungenschaften Europas, den Ideen der Menschenrechte, der individuellen Freiheit, der Demokratie, einfach gleichzusetzen, lehnt er sogar ausdrücklich ab. Doch das Bild des Islam muß in sich differenzierter gezeichnet werden, als der Islamismus es heute nahelegt. Es ist im Islam noch möglich, ein edles Leben zu führen, ohne als Sonderling zu gelten. Vorbilder werden dort noch geehrt, nicht mit geradezu diebischer Freude zerstört.

Religionen sind, wie Sprachen, archaische Phänomene. In der Archaik besteht gerade ihre Anziehung, ihr Reiz. Da sind sie noch echt. Sie kommen aus den Tiefen der menschlichen Geistesgeschichte, wo sich „Himmelslehr in Erdensprachen" offenbarte, wie Goethe es im „West-östlichen Divan" ausdrückte. Künstliche Sprachen sind häufig so wenig erfolgreich wie die neuen, konstruierten Religionen, die meistens nicht aus dem Dunstkreis obskurer Sekten und aus einem leicht erkennbaren Synkretismus herauskommen. Die Europäer haben ihre Religion inzwischen so zurechtgestutzt, daß sie sich ihren Wünschen (beinahe) fügt. Für viele ist sie dennoch lästig oder gar überflüssig geworden. Es muß befremden und zu denken geben, daß jenes durch die Kirche repräsentierte Christentum, das schon am Ende des Mittelalters selbstreflexiv wurde und sich seither unzählige Male den unterschiedlichsten Forderungen angepaßt hat („ecclesia est semper reformanda"), von den Zählchristen mehr denn je als immerwährende Bevormundung und Freiheitsberaubung empfunden wird, trotz aller „aggiornamenti". Jedenfalls sind die Dinge so weit gediehen, daß Menschen, die nicht automatisch dem modischen „anything goes" anheimfallen, sondern mit Entschiedenheit auf gewissen, bisher allgemein verbindlichen Ansichten beharren, als altväterliche Trottel angesehen werden. Gleichzeitig beklagt man sich aber darüber, daß niemand sich mehr etwas sagen lassen wolle und daß die Orientierungslosigkeit vor allem in der Jugend um sich greife. Die entschiedene, auch von vielen anderen Kulturen seit Jahrtausenden geteilte Auffassung des Papstes, daß die Liebe in der Ehe ihre Erfüllung finde, wird von immer größer werdenden Minderheiten schon als reaktionärer Aberwitz empfunden. Ein ohnmächtiges Heer von Psychologen und Soziologen wiederholt jahraus jahrein dieselben Phrasen über die Versäumnisse „der Gesellschaft", die an allem schuld sei. Im Islam beobachtet man das sehr genau. Man weiß dort, was Chaos-Tage und ähnliche Veranstaltungen bedeuten, wie hoch die Scheidungsraten sind, wobei wir gewiß nicht, wie viele Islamisten, unter westlichen Vorwänden einer ethischen Terrorherrschaft das Wort reden wollen.

Der Islam hat in vielem seinen archaischen Charakter bewahrt, wie auch die Religion der Hindu. Dies macht die Faszination aus, die manche geistig unbehausten Europäer – oft jedenfalls ehemalige Christen – für den Islam empfinden mögen. Man denke an den Pop-Sänger Cat Stevens, der jetzt Yusuf Islam heißt, an den französischen Philosophen Roger Garaudy und etliche andere. Ob ihrer Konversion eine richtige Reaktion auf eigene Defizite und eine treffende Auffassung des Islams zugrunde liegt, bleibe einmal dahingestellt. Ich habe so meine Zweifel an dieser als persönliches Heilmittel empfundenen Regression in eine fremde Kultur; sie ist wohl kein Ausweg aus Krisen, die in Jahrhunderten entstanden sind. Doch aus dem oft noch archaischen Charakter erklärt sich vielleicht auch, daß diese Religion in Afrika und anderswo noch immer vordringt. Sie kann sich besser als die gänzlich abstrakt gewordene, verweltlichte christliche Predigt den lebendigen afrikanischen Traditionen einfügen, sie überwölben, ohne sie gänzlich aufzusaugen.

Die Archaik führt jedoch auch zu jenen nicht zu leugnenden Schwierigkeiten, die der Islam ganz offenkundig mit der Moderne und auch mit sich selbst hat. Als die Religionen – das heißt eben jene archaischen Phänomene, von denen die Rede war – entstanden, gab es keine definierten Grundrechte, keine „bill of rights“ und keine Verfassungen. Der Westen hat das Glück, daß er dies alles, fußend auf gewissen Grundlagen seiner eigenen Religion, zuweilen aber auch im heftigen Kampf gegen sie, hervorgebracht hat. Der Zusammenprall einer Religion, die noch weitgehend „funktioniert“ und von ihren Anhängern innerlich getragen wie nach außen hin verteidigt wird, mit einer Moderne, die nun möglicherweise – und entgegen der Erwartung vieler ihrer intellektuellen Schöpfer – in der gänzlichen Transzendenzlosigkeit, in der radikalen *Diesseitigkeit* ihre innere Substanz geradezu herbeisehnt, ist der eigentliche Inhalt jener gegenwärtigen Diskussionen über den islamischen „Fundamentalismus". Eine solche Kulturentwicklung lehnt die große Mehrheit der Muslime entschieden ab, auch wenn sie nicht islamistisch gesinnt ist.

Man kann als Europäer gleichwohl verstehen, warum gewisse Formen der beharrenden, vor allem jedoch der militanten Islamität heute Angst hervorrufen. Hetze gegen schöpferische Geister, die Ermordung von „Abweichlern" (in Algerien zu Tausenden), eine Austrocknung des intellektuellen Lebens oder seine Verlagerung in das Exil – das sind beunruhigende Fakten. Dazu kommen Fragen, ob sich Islam und moderne Demokratie vertragen oder nicht. Das alles sind berechtigte Sorgen, und man sollte diejenigen, die sie bewegen, nicht einfach verdächtigen, sie arbeiteten an einem „Feindbild Islam".

Aber das west-östliche Gelände ist nicht so strukturiert, daß im Westen allein die Gipfel, im Osten nur die Täler zu sehen wären. Muslimen fällt auf, daß die europäischen Gesellschaften gefühlsmäßig immer mehr erkalten, daß menschliche Wärme und sozialer Zusammenhang – trotz eines ausufernden Geredes darüber – immer mehr auf der Strecke bleiben. Das Gelände ist heute allzu oft durch Propagandisten beider Seiten vermint, so daß beide, der „Christ" und der Muslim, es entweder gar nicht betreten oder sich nicht in der rechten Weise umschauen. Die nachfolgenden Blicke auf die islamische Welt gehen von der Voraussetzung aus, daß diese „Welt des Ostens" trotz aller Wandlungen in ihrem Eigensein noch lange bestehen und verharren wird.

Wenn sie aber von der westlichen verschieden ist, muß man das auch sagen. Der vorwiegend kritische Blick auf

Fundamentalismus und Gesetzesstrenge, wie sie gegenwärtig von den Islamisten wieder eingefordert werden, darf den Blick für anderes bloß nicht verstellen, etwa für den inneren Islam und für die Mystik. Nicht überall sind Versuche einer Reform, die doch den Charakter des Islams bewahrt, gänzlich verschwunden oder von vornherein zum Scheitern verurteilt. In der Türkei, einem laizistischen Staat, ringen die Muslime teilweise hart um ihren rechten Weg in der Moderne. Selbst in Iran, wo dies vor einiger Zeit noch ganz hoffnungslos erschien, zeigen sich unvermutet, obgleich zunächst bescheidene Entwicklungen in Richtung auf eine gesellschaftliche und politische Öffnung, auch gegenüber dem Westen. In der Weltpolitik erweist sich der Islam mehr und mehr als ein Faktor, der sich – ob zu Recht oder nicht – über eine souveräne Nicht-Beachtung seiner Interessen durch die maßgeblichen Mächte, vor allem die Amerikaner, beklagt. Er nennt das Arroganz. Mag daran auch vieles einseitig sein oder auf massenpsychologisch zu deutenden Minderwertigkeitskomplexen beruhen, ganz falsch ist es nicht. Eine wechselseitige Abklärung, wie man es denn künftig in politicis miteinander halten wolle, erscheint überfällig, denn die alten politischen Taktiken und Spiele funktionieren nicht mehr.

In den folgenden Kapiteln greife ich einzelne Aspekte der islamischen Welt und dieses west-östlichen Widerspiels auf; Vollständigkeit ist dabei nicht erstrebt. Der Leser wird an vielen Stellen merken, daß die Philosophie den Blick des Autors für bestimmte Zusammenhänge geschärft hat. Dahinter steht die Überzeugung, daß die Philosophie den verweltlichten Christen unserer Tage trotz allem den Weg zu einem durchdachten Glauben weisen kann, wie sie umgekehrt den Muslims helfen kann, zu einer rational bewältigten Reform ihrer Religion zu kommen, ohne sie in westlicher Weise bis zur Unkenntlichkeit zurechtzustutzen. Auch verschiedene Formen des Rationalismus gehören eben zum Islam, mögen das die „Fundamentalisten" auch vehement bestreiten.

Als Illusion hat sich die Überzeugung erwiesen (wenn auch noch nicht überall herumgesprochen), daß „die Wissenschaft" imstande sei, dem Leben einen tieferen Sinn zu geben und, vor allem, ein moralisches Bewußtsein und die damit verbundenen Werte zu begründen. Gerade das 20. Jahrhundert hat gezeigt, daß nicht nur Religionsfanatiker und Anhänger geschlossener weltlicher Ideologien, sondern auch Fanatiker der Wissenschaft und positivistische Eiferer moralisch schuldig geworden sind. Ohne Philosophie – aber wohl auch ohne die stützenden Elemente der Religion – ist auf diesem Feld offenbar wenig zu erreichen. Dies zeigt nach meiner Auffassung die Entwicklung der Geistesgeschichte, in der die Schaffung einer „rein weltlichen" philosophischen Ethik, gemessen an der Religion, immer a posteriori ist. Auf der höchsten Ebene der Reflexion berühren sich zudem Wissenschaft, Philosophie und Religion, wenn es nämlich um die Frage geht, wie unsere ganz offenkundig von wenigen Natur-Konstanten strukturierte und von Gesetzen durchwaltete Welt entstand, ob das aus „Zufall" oder durch eine „erste Ursache" geschah. Ich vermag nicht einzusehen, daß diese Frage nicht rational legitim sein soll. Für die Muslime ist die klassische Antwort weitgehend noch selbstverständlich.

Die Islamität, von der wir gesprochen haben, wird noch anwachsen, auch wenn das manchen im Westen gar nicht passen mag. Das macht den politischen und kulturellen Umgang miteinander – wie Samuel P. Huntington, wenn auch wohl unvollkommen, in seinem umstrittenen Buch über den „Kampf der Kulturen" hervorgehoben hat – nicht einfacher. Im Westen kann und darf dies nicht dazu führen, die eigenen Standards wesentlich einzuschränken. Ein im Westen praktizierter Islam, zum Beispiel, muß sich an den Standards im Westen messen lassen. Es bedarf hier einer offenen und ehrlichen Auseinandersetzung, in die auch der Westen viele Defizite einzubringen hat. Seine alten politischen Strategien versagen mehr und mehr, weil sich die islamische Welt mehr und mehr selbstbewußt dagegen sperrt. Das letzte Kapitel dieses Buches wird deshalb dafür eintreten, eine grundlegende Neubesinnung und Neudefinition unserer Haltung gegenüber der islamischen Welt, vor allem in der internationalen Politik, einzuleiten, denn die aporetische Situation ist unter weltpolitischen Vorzeichen in den vergangenen Jahren nicht nur allzu deutlich, sondern auch gefährlich geworden.

Der Verfasser hat Anfang der neunziger Jahre ein Buch über die islamische Revolution unter dem Titel „Allahs neue Krieger" publiziert. Dieses Werk war unter dem Eindruck der Ereignisse in Iran und im Irak (Golfkrise) entstanden und hatte besonders von der dynamischen Struktur dieser islamischen Bewegung gehandelt, deren Ziel und Ausbreitung damals noch schwer einzuschätzen waren. Heute hat sie sich konsolidiert, so daß überall, wo Muslime leben, auf absehbare Zeit mit einer starken islamischen Grundgestimmtheit zu rechnen ist. Ursachen, Ziele und Aussichten dieses islamischen Revivalismus sind heute etwas einfacher auszumachen. Und wie in einem Spiegel kann auch die westliche Kultur, wenn sie nur ehrlich mit sich selbst ist, im heutigen Islam Züge und Entwicklungen erkennen, die ihr auch nicht fremd waren.

Der „Tarich“
oder Die ungewöhliche Geschichte einer Weltreligion

„Von Samarkand bis Cordoba ist die islamische Kultur eine städtische Kultur von bemerkenswerter Homogenität“

MAURICE LOMBARD

Die Großmoguln in Indien herrschten mit Hilfe des Salpeters. Diesen verkauften sie an die viele tausend Kilometer entfernt lebenden Christen im „Abendland“, die sich zu jener Zeit, es war die erste Hälfte des 17. Jahrhunderts, im Dreißigjährigen Krieg gegenseitig mit Krieg überzogen und dazu den Salpeter benötigten: für Musketenkugeln und Granaten. Es war ein recht einträgliches Geschäft für die muslimischen Herrscher Indiens, deren Staat damals wohl wirtschaftlich gedieh; man wird den Verdacht nicht los, daß auch das berühmteste Gebäude Indiens – und das vielleicht schönste des gesamten Islams –, das großartige Tadsch Mahal zu Agra, seine alabasterartige Existenz nicht nur den Wehmutsseufzern des Kaisers Schah Dschahan verdankt, der um den Verlust der Geliebten, Mumtaz Mahal, trauerte, sondern, viel trivialer, auch den Erträgen aus dem Salpeter-Handel.

Wie dem auch sei: Indien war damals, unter den muslimischen Herrschern dieser türkischen, von Babur dem Großen begründeten Dynastie noch ein relativ reiches Land. Erst um 1700, nach dem Tode Kaiser Aurangzebs, setzte rascher Verfall ein, den sich die Briten für ihre Ziele nutzbar machen konnten. Ähnliches berichten Reisende aus dem schiitischen Persien: Unter den Safawiden zur

Zeit von Schah Tahmasp oder Schah Abbas dem Großen und sogar noch später hören wir von reich bestückten Märkten in Isfahan und Qazwin. Das kulturelle Leben blühte, wovon nicht nur die Malerei der Safawiden zeugt, sondern auch deren Architektur und Philosophie, wie sie von der Theosophenschule von Isfahan (siehe unten) betrieben wurde.

Diese Angaben relativieren den Eindruck, als sei der Islam schon am Ende des europäischen Mittelalters ein hoffnungsloser Fall gewesen. Er war es hier und da, doch nicht überall, vor allem nicht überall in gleicher Weise. Zur selben Zeit, da die Moguln und die Safawiden blühten, blühte auch das Osmanische Reich der Türken und ließ die Christen fürchten, es könne sogar von dem beherrschten Ungarn aus deren europäische Mitte bedrohen. Bis in schwäbische Städte wie Horb hinein rüstete man sich im Jahre 1683 für den Notfall. Es schien wahrscheinlich, daß die Türken unter Kara Mustafa-Pascha den „Goldenen Apfel" oder „Beç", wie sie die Kaiserstadt Wien nannten, erobern würden.

Es kam jedoch, wie wir wissen, anders. Der Großwesir scheiterte, die Christen setzten nach. Seit dem Frieden von Karlowitz im Jahre 1699, in dem das Ottomanische Reich erstmals Gebiete abtreten mußte, war der Islam in der Defensive. Das Reich der Türken beherrschte zwei Drittel des sozusagen klassischen islamischen Raumes. Die lange Agonie des Imperiums wurde auch zur Agonie seiner Besitztümer wie auch der islamischen Nachbarstaaten, was kurzfristige Erholungen hier und da nicht ausschloß. Als die Vormacht des Islams dahinsiechte, konnten sich auch die Anrainer nicht mehr lange halten. Vieles spricht dafür, daß das einst so machtvolle Osmanische Reich auf lange Sicht ohne Chance war. Zwar beherrschte es kurzfristig das Schwarze Meer und das Mittelmeer mit seiner Flotte, doch als diese Einflußsphäre verloren war, blieben die Türken im wesentlichen eine

Landmacht, der der Zugang zu den offenen Ozeanen mehr und mehr versperrt blieb. Dort jedoch – der Aufstieg zunächst Spaniens oder Portugals, dann Britanniens zeigte es – lag die Zukunft. Nur wer im großen Stil die Ozeane befuhr, beförderte jene Globalisierung des Wissens und der Märkte, aus denen die Moderne hervorging.

Dieser Rückblick zeigt, daß das Zurückbleiben des Islams gegenüber dem Westen durchaus ein allmähliches, schrittweises war, das seine Zeit dauerte. Es war keine Zäsur, die man in ihrer einschneidenden Tiefe genau festmachen könnte, wenn auch dem Datum 1492 – Columbus „entdeckt" Amerika, die letzten Mauren verlassen Spanien – ein gewisser Symbolwert zukommen mag. Das ändert freilich nichts daran, daß die islamische Stagnation als langwieriger, scheinbar Äonen dauernder und quälender Prozeß verlief, mit Übergängen.

Der christlichen Welt erschien der Islam unter anderem auch deshalb in den letzten Jahrhunderten als „immer gleich", als sozusagen geschichtslos, ein ewiger, sich niemals wandelnder Osten. Eine dem antiken Europa und dem christlichen Abendland – von der Moderne ganz zu schweigen – vergleichbare, wohl strukturierte Entwicklung und damit „Geschichte" voller Spannung und Inhalt, getragen von einer sozusagen natürlichen „Bewegung aufwärts", schien es nicht zu geben, nicht gegeben zu haben.

Und hatte diese Häresie denn auch nichts anderes verdient?

Erst die europäische Aufklärung war bis zum gewissen Grad imstande, dem Islam in seinem So- und Anders-Sein gerecht zu werden. Der geniale Johann Jakob Reiske (1716–1774), Arabist und Gräzist (Byzantinist) in Leiden und Leipzig, studierte die arabische Welt und den Islam erstmals um ihrer selbst willen, ohne Bezug auf das Christentum und die Bibel. Seine wissenschaftliche Arbeit an Texten des islamischen Historikers Abul Fida aus der

Spätzeit der Kreuzzüge ließ ihn entdecken, daß der „Tarich", die seit dem Jahre 622 nach Christus fest datierte Geschichte des Islams, es an innerem Gehalt durchaus mit der erhabenen Geschichte der Griechen und der Christen aufnehmen konnte. So wurde Reiske zum Ahnherrn der islamischen Geschichtsschreibung aus westlicher Feder, die in den vergangenen Generationen hervorragende Beispiele eines Lernprozesses auch unter westlichen Gelehrten geliefert hat.

Es begann im Jahr des Elefanten. Der Überlieferung gemäß belagerte nämlich im Jahre 570/71 nach Christus der König Abraha Mekka, wobei er auch Kriegselefanten mit sich führte. Einer dieser Elefanten soll vor einem kleinen Kind ehrfürchtig in die Knie gesunken sein, dem die Mutter den Namen Muhammad, das heißt: der Gepriesene, gegeben hatte. Er sollte der Prophet des Islams werden. Doch bis dahin mußten noch knapp vierzig Jahre vergehen. Muhammad, dessen Vater Abdallah noch vor der Geburt gestorben war, wuchs bei seiner Mutter Amina auf. Als auch diese starb, kam der Junge zu seinem Onkel Abu Talib in die Familie. Diese Familie gehörte dem Clan der Banu Haschim an aus dem Stamm der Banu Quraisch.

Wenig abenteuerlich liest sich die Lebensgeschichte des Propheten bis zu seinem vierzigsten Lebensjahr. Der junge Mann trat in die Dienste der reichen Mekkaner Kaufmannswitwe Chadidscha Bint Chuwailid, die offenbar um einiges älter war als er. In ihrem Handelshaus reüssierte er; am Ende so sehr, daß beide die Ehe eingingen. Muhammad erwies sich als tüchtiger Kaufmann, dessen Karawanen bis nach Syrien hinein Handel trieben. Vielleicht besuchte er selbst die Städte Palästinas und Syriens.

Allein dies widerlegt das auch heute gelegentlich auftretende Gerücht, Muhammad sei ein „einfacher Beduine" gewesen, der Islam sei daher eine „Wüstenreligion", deshalb primitiv und für die moderne Zivilisation nicht geeignet. Mekka war in Wirklichkeit eine ziemlich vermögende Handelsstadt, der Islam, der hier entstehen sollte, war ein städtisches Phänomen von Beginn an und wurde es in späteren Jahrhunderten vollends. Richtig ist allenfalls, daß Muhammad es, wie alle tiefer veranlagten Geister, liebte, gelegentlich mit sich alleine zu sein, die Menge zu meiden. Er meditierte in der Einsamkeit des nahegelegenen Berges Hira, darin offenbar einer Sitte folgend, wie sie auch die sogenannten Hanifen pflegten, von denen die Tradition spricht: kontemplative Geister, die sich in religiös-metaphysischen Spekulationen ergingen. Auch Jesus wurde ja in der Wüste vom Teufel versucht.

Zum Propheten wurde Muhammad wohl im Jahr 609 berufen, als ihn die erste Offenbarung (wahy) traf. In der religiösen Sprache des Islams heißt das, daß der Erzengel Gabriel (Dschibrail) am Horizont erschien und ihm einen Text zu rezitieren gab:

„Lies, im Namen Deines Herrn, der alles geschaffen hat, der den Menschen erschuf aus einem Klumpen Blut. Lies bei Deinem Herrn, dem Erhabenen, der den Gebrauch der Feder lehrte und den Menschen lehrt, was er nicht gewußt".

Es ist der Beginn der 96. Sure des Korans, der „Lesung", die von den Muslimen heute im allgemeinen als die erste der Offenbarungen angesehen wird. Von nun an kehrten diese Erlebnisse in unregelmäßigen Abständen wieder. Wichtigster Inhalt dieser Offenbarungen waren erstens die Verkündigung des kompromißlosen Eingottglaubens, der Hinweis auf „den Gott" (al-ilah, das ist: Allah) – das heißt ein scharfer Affront gegenüber dem altarabischen Polytheismus und seinem Pantheon – sowie, zweitens, die Warnung vor dem Jüngsten Gericht, das dieser Gott über die Menschen am Jüngsten Tag, dem Tag der Auferstehung (jaum al-qiyama, jaum al-din), üben werde. Als schwerwiegendstes Vergehen gegen göttliches Gebot stand bald – modern gesprochen – mangelnde soziale Gerechtigkeit im Mittelpunkt der Botschaft Gottes, das heißt der Predigt des Gesandten Gottes (rasul Allah). Der Prophet attackierte das ungehemmte Besitzstreben seiner mekkanischen Landsleute und ihren Lebenswandel, der Muhammad wohl als krasser Materialismus erschienen sein mag.

Zunächst ließ man ihn gewähren, auch wenn die ganz diesseitig eingestellte mekkanische Elite sich über Vorstellungen wie die des Jüngsten Tages oder ein nachtodliches Leben lustig machte. Als die Mekkaner jedoch um ihre Geschäfte bangen mußten, trachtete man dem Propheten nach dem Leben. Er mußte im Jahre 622 Mekka verlassen und begab sich mit seiner kleinen Schar von Anhängern, den muhadschirun oder Auswanderern, nach Norden, in die Stadt Yathrib, die später den Namen Madinat al-Nabi, Stadt des Propheten, Medina erhielt. Dort hatten die Stämme der Aus und der Chazradsch sich schon vorab mit Muhammad ins Benehmen gesetzt. Er sollte ihren Streit schlichten, was ihm auch gelang. Muhammad wurde in Medina recht eigentlich zum „Propheten und Staatsmann", wie eine bekannte Charakterisierung lautet; und er blieb auch gerüstet gegen die Nachstellungen seiner Feinde, vornehmlich der Mekkaner. Muhammad ist ein „gewappneter" Prophet, was ihn von Jesus, Buddha und vielen anderen Religionsstiftern unterscheidet. In al-Medina organisierte er, nachdem er sich dreier widerspenstiger jüdischer Stämme auf durchaus gewaltsame Weise entledigt hatte, die junge Gemeinde des Islams und versuchte nach wie vor, seine Landsleute in Mekka für den Islam zu gewinnen, eine Auseinandersetzung, die bald auch militärischen Charakter annahm. Bei Badr siegte der Prophet über die mekkanische Strafexpedition, am Berge Uhud verlief das Kriegsglück entgegengesetzt. Es bleibt jedoch festzuhalten, daß Muhammad nicht bereit war, kampflos auch die andere Wange hinzuhalten. Bis heute erscheint es einem Muslim merkwürdig, sich im Falle einer Attacke nicht zu wehren. Dies, nichts anderes, tat jedoch der Prophet. Als die Mekkaner ihn in Medina belagerten, hielt er sie sich dadurch vom Leib, daß er einen Graben um die Stadt herum anlegen ließ, ein Ereignis, das als „Grabenkrieg“ in die Geschichte des frühen Islams eingegangen ist.

Acht Jahre nach seiner Vertreibung und Übersiedlung, der „Hidschra“, das heißt im Jahre 630, konnte Muhammad schließlich als Sieger über seine Widersacher in Mekka einziehen. Mekka war islamisch geworden. Der Prophet übernahm mit der geistlichen auch die weltliche Macht und herrschte in den letzten Lebensjahren über ein Gebiet, das mit der Arabischen Halbinsel annähernd identisch war. 632 starb der Prophet, nachdem er die Abschiedswallfahrt absolviert hatte, in Mekka; man begrub ihn in Medina, „seiner“ Stadt im ausdrücklichen Sinne. Bis heute pilgern fromme Muslime dort zu seinem Grab, über dem eine eindrucksvolle Moschee mit grüner Kuppel errichtet worden ist.

Muhammad hinterließ den Koran als eines der wirkmächtigsten Bücher der Weltgeschichte, das wir, wenn wir den Muslimen folgen, gleichwohl nicht unter die Literatur zählen dürfen. Es enthält nämlich das ungefilterte Wort Gottes, und zwar in „klarer arabischer Sprache“. Das heißt nicht mehr und nicht weniger, als daß Gott zum Propheten und über seine Person zur Menschheit arabisch geredet hat. Im Koran (der Name geht wohl auf das aramäische „qeryana“ zurück) ist Gott Wort geworden, nicht Fleisch, wie im Christentum. Die deutsche Orientalistin Annemarie Schimmel verwendet deshalb, mit einigen anderen, den Begriff der „Inlibration“, der Buchwerdung, anstelle der „Inkarnation“. Das Buch steht, nach Gott, im Zentrum des Islams, nicht sein Prophet. Der Islam ist so der Inbegriff einer Buchreligion überhaupt.

Als strukturiertes Corpus stammt der Koran nicht aus der Zeit Muhammads. Er wurde erst unter dem dritten seiner Nachfolger, dem Kalifen Uthman Ibn Affan, der von 644 bis 656 herrschte, redigiert und zusammengestellt, wobei ihm keinerlei inhaltliche Ordnung zukommt. Außer der ersten Sure, der sogenannten Eröffnenden (al-Fatiha) reiht er die folgenden Suren einfach der Länge nach hintereinander. Die zweite Sure, al-Baqara, ist die längste, die 114. Sure die kürzeste. Insgesamt enthält der Koran mehr als sechstausend Verse, die in sogenannter arabischer Reimprosa (sadsch') verfaßt sind. Als orthodox gilt die Meinung, die Sprache des Korans sei unnachahmlich, der Koran nicht übersetzbar, wenn dies auch in unserem Jahrhundert längst geschehen ist. Für den Außenstehenden ist die Lektüre des Korans nicht immer einfach, da er keinen inhaltlichen roten Faden finden kann, um sich an ihm festzuklammern. Das heilige Buch enthält vielerlei Anspielungen auf Hintergründe und Vorgänge aus der Zeit seiner Entstehung, die man kennen muß, um die Texte zu verstehen. Manche Passagen, die das Zusammenleben der Gläubigen regeln sollen, handeln von durchaus nüchternen Dingen und sind wenig ersprießlich zu rezipieren. Anders steht es mit den frühen Äußerungen religiöser Ekstatik, deren sprachlicher Ausdruck ergreift, etwa in der 112 Sure:

„Im Namen Gottes, des Allbarmherzigen! Sprich, Gott ist der alleinige, einzige, der Unwandelbare. Er zeugt nicht und ist nicht gezeugt, und keiner ist ihm gleich!“

---

oder in dem berühmten Thronvers, Sure 2, 256, der lautet:

„Gott ist Gott. Außer ihm gibt es keinen Gott. Er ist der aus sich selbst Lebendige, der Beständige. Nicht Schlaf ergreift ihn noch Schlummer. Sein ist, was in den Himmeln, und sein ist, was auf Erden ist. Wer kann bei ihm ohne seinen Willen fürsprechen und vermitteln? Er weiß, was zwischen ihren Händen und was hinter ihnen ist (d. h. Gott weiß

alles), und die Menschen begreifen von seinem Ratschluß nur das, was ihm gefällt. Über den Himmeln und der Erde steht sein Thron, Herrschaft und Macht sind keine Bürde für ihn. Erhaben und mächtig ist er.“

Als nächster Vers folgt in derselben Sure die berühmte Zeile:

„Zwingt keinen zum Glauben (la ikraha fi al-din), da die wahre Lehre vom Irrglauben ja deutlich zu unterscheiden ist!“

Ein Vers dies, der von islamischen Apologeten immer wieder als Beweis für die Existenz der religiösen Freiheit im Islam angeführt, aber auch immer wieder mißachtet wird, vor allem natürlich von jenen Zeloten, die heute gegen Mit-Muslime Scheidungs-Prozesse und Mordtaten ins Werk setzen. Die ergreifendsten Szenen im Koran sind jene Suren und Verse, in denen vom Jüngsten Gericht gesprochen wird:

„Wenn die Sonne zusammengefaltet wird,
und die Sterne vom Himmel fallen,
und die Berge sich fortbewegen …
wenn sich die Körper wieder mit den Seelen paaren …
wird jede Seele wissen, was sie getan hat.“

So steht es in der 81. Sure al-Takwir, „Die Zusammenfaltung“. Die beiden langen Suren al-Baqara (die Kuh) sowie die 3. Sure, Al-Imran, die Familie Amran, enthalten wohl den größten Teil der koranischen religiösen Lehre, die in anderen Suren oft nur wiederholt und bekräftigt wird. Ebenso unerschöpflich wie andere heilige Schriften ist der Koran für Ausleger. Neben theologischen und metaphysischen Aussagen enthält er eine Kosmologie, Moralvorstellungen und philosophische Weisheiten. Dazu Beschwörungen und zuweilen Buchstaben am Beginn mancher Suren, die bis heute Rätsel aufgeben.

Zu den berühmtesten Versen gehört auch die ganze Sure 97, offenbart zu Mekka:

„Wir haben den Koran in der Nacht des Schicksals offenbart, was lehrt dich begreifen, was die Nacht des Schicksals ist? Die Nacht des Schicksals ist besser als tausend Monate. In ihr stiegen die Engel herab und der Geist mit Erlaubnis ihres Herrn und mit den Anordnungen Gottes über alle Dinge. Friede und Heil bringt diese Nacht bis zum Aufgang der Morgenröte."

Der Koran wurde, wie die jüdische Thora und die christliche Bibel, zur Keimzelle einer Weltkultur, die sich aus seinem Inhalt, in Verbindung mit äußerst weltlichen Faktoren, entfaltete. Sogar Naturwissenschaften wie die Astronomie entsprangen dem Koran, weil die Muslime, um der Gebets- und Fastenvorschriften willen, den Himmel und den Stand der Sterne beobachten und festhalten mußten, um die genauen Gebetszeiten festzulegen oder auch den Beginn und das Ende des Fastens. Dies wiederum förderte die Mathematik. Die Speisevorschriften im Koran wurden Grundlage für eine islamische Medizin; von der Bereicherung der Künste, Architektur, Kalligraphie und anderem gar nicht zu reden.

*

Der Figur des islamischen Propheten gerecht zu werden, ist wohl ein Ding der Unmöglichkeit. Er selbst verstand sich als religiöser Warner und Überbringer einer Botschaft, als nicht mehr. Die Muslime verehren in ihm einen bloßen Menschen, der durch diese Botschaft freilich vor allen anderen Menschen ausgezeichnet wurde. Spätere Ausschmückungen hin zum Heiligmäßigen, zu einem Heiligenkult gar sind Übertreibungen, die in allen Religionen zu beobachten sind, aber den Orthodoxen immer als überflüssig galten. Muhammad ist für jeden Muslim das „schöne Vorbild", im Glauben ebenso wie in der Lebensführung. Die Religion freilich heißt Islam, Hingabe an den göttlichen Willen, nicht „Muhammedanismus". Und man muß im Westen verstehen, daß selbst lauen Muslimen der Stifter des Islams als die alles überragende Figur ihrer Zivilisation lieb und teuer ist, so daß Beleidigung und Geringschätzung seiner Person als unverzeihlich gelten.

Das westöstliche Gelände ist an diesem Punkt bis heute vermint. Man kann gewiß nachvollziehen, daß in einem durch das religiöse Paradigma definierten Zeitalter wie dem Mittelalter der Prophet des Islams von den Christen in nicht eben günstigem Licht gesehen wurde. Für die Theologen der Ostkirche galt er als Häretiker, für den heiligen Thomas von Aquin – was in gewisser Weise schon ein Fortschritt war – vornehmlich als Heide, mit dessen Lehre man sich immerhin rational, nicht durch Beschimpfungen auseinanderzusetzen hatte. Die Heiden mußten und sollten durch „Vernunftbeweise" bekehrt werden. So verfaßte man Schriften unter dem Titel „Contra gentiles", die zwar in sich problematisch, aber wenigstens im Ansatz wirkliche Auseinandersetzungen waren, wie auch des Nikolaus von Kues Cribratio Alkorani, die „Sichtung des Korans", in der immerhin ein Bemühen um Erkennen deutlich wird. In der Aufklärung hellte sich das Bild des islamischen Propheten auf, wenn es auch bei vielen Autoren, etwa Voltaire, noch zwiespältig blieb. Für skeptische Geister wurde der Islam zur „natürlichen Religion" im Sinne der rationalistischen Aufklärungsphilosophie. Und auf dem Hintergrund des Islams konnte man eine Religionskritik wagen, die primär der eigenen Religion, dem Christentum, galt. So etwa bei Pierre Bayle, so auch bei Lessing, einem deutschen Aufklärer, der gewisse Sympathien für den Islam hegte. Seither haben sich europäische Forscher und auch die Kirchen meistens bemüht, ein besseres Bild Muhammads zu zeichnen, wobei die im kolonialistischen Zeitalter sich zeigende Schwäche des Islams wieder zu mancherlei

Rückschlägen Anlaß bot. Selbst Islamwissenschaftler scheuten damals nicht davor zurück, den Propheten des Islams als Psychopathen, Epileptiker, Lüstling und Gewaltmenschen darzustellen, gründend allein auf der Tasache, daß Muhammad die geschlechtliche Liebe durchaus mochte und bereit war, sich gegen Nachstellungen seiner Feinde auch einmal zur Wehr zu setzen. Gerade Christen – und erst recht die Vertreter moderner Ideologien – sollten freilich die letzten sein, die den Muslimen eine besonders große Gewaltbereitschaft andichten.

Aber wurde der Islam denn nicht mit dem Schwert verbreitet, während das Christentum drei Jahrhunderte lang zunächst verfolgt wurde?

Ja und nein. Faktisch geschah es so. Die Muslime eroberten nach dem Tode Muhammads innerhalb von nur zwei oder drei Jahrzehnten einen Raum, der vom Westen Nordafrikas bis nach Mittelasien reichte. Dieser Raum ist heute in der Tat im wesentlichen muslimisch. Sie waren dabei jedoch weniger von dem Willen beseelt, den Islam zu verbreiten, als von schlichter Beutegier und Aggression. Bis heute nimmt man das den Muslimen übel, während alle anderen Reiche der Weltgeschichte offenbar durch bloße Friedensliebe entstanden zu sein scheinen. Gewiß kam es in den eroberten Gebieten auch bald zu Massenübertritten zum Islam, doch diese waren – aus steuerlichen Gründen – alles andere als erwünscht. Der muslimische Herrscher ging nämlich der Kopfsteuer verlustig, die von den Nichtmulimen zu entrichten war, nicht aber von den Neu-Muslimen, den mawali. In Ägypten jedenfalls war drei Jahrhunderte nach der Eroberung durch den muslimischen Feldherrn Amr Ibn al As im Jahre 640 noch etwa knapp die Hälfte der Bevölkerung christlich.

Nach den vier rechtgeleiteten Kalifen, in deren Herrschaft schon das Schisma zwischen Sunniten und den Anhängern des Propheten-Vetters Ali Ibn Abi Talib, den

Schiiten, aufbrach, regierte von Damaskus aus das Kalifat der Omajjaden ein Imperium, das von Julius Wellhausen als das „arabische Reich“ tituliert worden ist. Dies zu recht, denn das arabische Element war tragend. Die Kalifen waren freilich von Beginn an auf die Mitarbeit einheimischer Eliten aus den eroberten Gebieten angewiesen. Mit der Dynastie der Abbasiden, die in dem neugegründeten Bagdad residierte und ihre Herrschaft im Jahr 750/51 etablierte, erreichte der Islam bereits seinen höchsten Glanz. Das 8. und das 9. Jahrhundert, weniger schon das 10. können als der Höhepunkt der islamischen Zivilisation angesehen werden, eine Climax, die sich – wir haben zu Beginn darauf hingewiesen – über Jahrhunderte hielt, wenn auch in anderen Regionen des dar al- islam. Das Abbasiden-Kalifat brachte eine Ausdifferenzierung insbesondere zum persischen Element hin. Gleichzeitig wurde die Herrschaft totaler im Sinne der orientalischen Despotie. Das persische Hofzeremoniell wurde bestimmend. Gleichwohl konnten die Abbasiden nicht verhindern, daß sich im fernen Andalusien ein Abkömmling der Omajjaden zu eigener kalifischer Herrschaft aufschwang und daß sich Provinzgouverneure überall im Reich, in Ägypten ebenso wie im Maghreb, allmählich selbständig machten und eigene Dynastien gründeten. Zur selben Zeit wurde das Kalifat von drei bedeutenden Herausforderungen bedroht: dem heterodoxen Schiitentum in Gestalt der Fatimiden, Qarmaten und Assassinen, den christlichen Kreuzrittern und schließlich von den Mongolen.

Das Ende dieser Herausforderungen ist weitgehend bekannt: Vor allem die neu islamisierten Türken Mittelasiens, die in das Gebiet des Vorderen Orients einwanderten, konnten den sunnitischen Islam vor einer Machtübernahme durch die heterodoxen Schiiten bewahren. Das Konkurrenz-Kalifat der Fatimiden am Nil brach nach zwei Jahrhunderten unter den Schlägen des kurdischen

Herrschers Saladin zusammen, nach ihm herrschten dort für Jahrhunderte die türkischen Mameluken und beseitigten die letzten Reste des Schiitentums. Saladin und türkische Lokalfürsten, wie Nureddin Zangi, waren es auch, die schließlich die Kreuzfahrer, nach zwei Jahrhunderten der Kämpfe, aber auch des friedlichen kulturellen Austauschs, wieder aus der Region vertrieben.

Die mongolische Herausforderung freilich verlief anders. Das geschwächte abbasidische Kalifat war den heranstürmenden Steppenreitern, die aussahen, als kämen sie „ex tartaro", aus der Hölle, nicht gewachsen und wurde überrannt. Zunächst beseitigten die Scharen des Dschingis Khan die Herrschaft des Chwarezm-Schahs in Transoxanien und gaben damit die Initialzündung für das weitere Vordringen der Mongolen. 1258 fiel Bagdad in die Hände des Dschigisiden Hülägü; die Stadt wurde zerstört, Tausende ihrer Bewohner ermordet und die Dynastie liquidiert.

Die Mongolen etablierten ihre Herrschaft im östlichen Raum des Islams, während im Westen berberische Dynastien wie die Almoraviden und Almohaden im Namen einer puritanischen Erneuerung des Glaubens bis zur Mitte des 13. Jahrhunderts den Ton angaben, auch in Andalusien. Das Vordringen der Mongolen weiter nach Westen wurde von den Mameluken erst in der Schlacht bei Ain Dschalut, am Goliathsquell, in Syrien/Palästina gestoppt.

Die Mongolen waren entweder Buddhisten oder Schamanisten gewesen. Sie nahmen es mit der Religion nicht so genau. Doch einer der in Persien regierenden Ilkhane, Gazan Khan, bekannte sich schließlich zum Islam, seine Nachfolger blieben dabei, so daß von einer islamischen Mongolenherrschaft in und über Iran gesprochen werden kann. Die islamisierten Mongolen profitierten von jener Renaissance der persischen Sprache und Kultur, die um 1000 schon unter den Samaniden von Buchara stattgefunden hatte und bereits von den türkischen Seldschuken-Sultanen übernommen worden war. Partikularismus und endloser Dynastienstreit bestimmte freilich schon lange den Gang des „Tarich“, entsprechend der berühmten Überlieferung des Propheten, daß seine Gemeinde sich aufspalten werde. Dies war wohl mehr religiös gemeint, doch politisch kam es eben auch dazu. Neben Tendenzen zur politischen Einheit und Vereinheitlichung gehört auch der Partikularismus, der Regionalismus, der „Lokalismus“ von Beginn an zum Inhalt des „Tarich“, ebenso ein gewisser Gegensatz zwischen den Arabern und den Persern, der als „Schuubija“ in die Geschichte eingegangen ist, das heißt als Bewußtsein der nichtarabischen Muslime von ihrem Andersein.

Dem Prinzip „actio gleich reactio“ scheinen die historischen Ereignisse an den beiden Enden des Mittelmeeres zu entsprechen. Auf der Iberischen Halbinsel erreichten die christlichen Herrscher, daß der Islam immer weiter zurückgedrängt wurde. 1492, im selben Jahre, da Columbus Amerika „entdeckt“, müssen die letzten maurischen Herrscher, die Dynastie der Nasriden von Granada, ihre Herrschaft aufgeben. Flucht und systematische Vertreibung durch die Christen setzen ein und dauern bis zum Jahre 1609 an. Eine der glanzvollsten Perioden nicht nur der islamischen Geschichte, sondern der Kulturgeschichte überhaupt, das legendäre „maurische Spanien“, geht damit zu Ende. Doch was der Islam an Territorium dort verliert, gewinnt er im Osten zurück: Am 29. Mai 1453 haben die türkischen Osmanen die alte byzantinische Kaiserstadt Konstantiopel erobert und sie zu ihrer Hauptstadt gemacht, damit auch zum Mittelpunkt ihrer noch unaufhaltsam scheinenden Expansion auf europäisches Gebiet, die erst 1683, in der gescheiterten Belagerung von Wien, ihren äußersten Punkt erreichte. Brükkenköpfe bei Otranto in Süditalien haben die Türken nicht halten können. Die Retorsion setzt auch hier ein und dauert mehr als zwei Jahrhunderte bis zur Vernichtung dieses Reiches als Folge des Ersten Weltkrieges. Im Osmanischen Reich hat der Islam zum bisher letzten Mal versucht, von einem klar definierten Zentrum aus den Griff nach einer Art universaler Weltherrschaft des Glaubens zu wagen. Ein offenbar schmerzliches Versagen für viele Muslime.

Parallel zum allmählichen Zerfall des Osmanischen Reiches, der mit dem unaufhörlichen Aufstieg des Westens koinzidierte, gerieten immer mehr muslimische Gebiete in direkte oder indirekte Abhängigkeit europäischer Mächte. Deren alles beherrschender Einfluß wird durch die überraschende Invasion Bonapartes in Ägypten im Jahre 1798 symbolisiert. Nur wenige Regionen im Innern der großen Wüsten (Sahara, zentralarabische Wüsten) oder in Gebirgsländern wie Afghanistan oder dem Jemen bleiben vom Zugriff des Westens weitgehend verschont, während die seit dem Ausgang des Mittelalters zum großen Teil im Niedergang begriffenen Wirtschaftszentren des Islams, die Knotenpunkte der islamischen Verkehrsadern, in die koloniale Wirtschaft eingegliedert werden, entweder unter lokalen Vasallen, wie den Qadscharen-Herrschern in Iran, oder ganz unter westlicher Ägide. Im Jahre 1922 gibt es nur vier unabhängige muslimische Staaten: die Türkei, Ägypten, Iran und Afghanistan. Alle anderen Gebiete des dar al-islam sind Kolonie, Protektorat, Mandat oder Einflußgebiet des Westens, zu dem auch Rußland gerechnet wird.

In dieser Periode nicht nur der Schwäche, sondern der annähernden Bedeutungslosigkeit treffen die Muslime auf eine Moderne, die westlichen Ursprungs ist und eine Dynamik der inneren Entwicklung wie der äußeren Ausdehnung erreicht hat, wie man sie niemals zuvor in der Weltgeschichte beobachten konnte, ein inneres Tempo, das immer größer wird, das seinesgleichen sucht und schon den alten Goethe beunruhigt hat. Im 20.

Jahrhundert haben sich die muslimischen Völker vom Kolonialismus befreit und eine inzwischen aus 55 Ländern bestehende eigene Staatenwelt begründet, die organisatorisch am westlich-nationalstaatlichen Modell orientiert ist. Ihre Schwierigkeiten mit der Moderne sind dadurch freilich alles andere als beseitigt. Ganz im Gegenteil. Sie beginnen damit erst, auch psychologisch, denn ein Aufholen ist erforderlich, das es nach muslimischem Verständnis eigentlich gar nicht geben dürfte.

Bis heute ist der Muslim nämlich stolz auf seine Erfolgsgeschichte, genauer: auf die Leistung seiner Kultur. Er kennt den Gehalt des „Tarich" auch nach seiner inneren, kulturellen Seite hin, selbst wenn er nicht sehr gebildet ist. Fußend auf dem Lebenswerk das Gesandten Gottes haben die orientalischen Völker eine Weltkultur hervorgebracht, die zu erforschen unerschöpflich scheint. Längst sind nicht all jene Glanzleistungen bekannt, die die islamische Zivilisation auf allen Feldern des Wissens, des Denkens und der künstlerischen Gestaltung vorzuweisen hat, ja, man steht auf diesem Gebiet wohl erst am Anfang. Es hat in der jüngeren Vergangenheit nicht an Autoren gefehlt, die jene Leistungen, von denen auch der Westen bis heute in manchen Fällen zehrt, akribisch aufgezählt und nach ihrem Inhalt gedeutet haben.

Die klassische islamische Zivilisation hatte sich auf der Grundlage des Korans, der Ideale einer neuen Verkündigung, gleichwohl auch ein fremdes Erbe angeeignet: das der griechisch-römischen Antike und das der iranischen Kultur vor allem. An den Rändern des dar al-islam stießen die Muslime auf viele andere kulturelle Traditionen, von denen sie sich zwar abzugrenzen versuchten, deren Elemente jedoch gleichwohl in den Islam eindrangen. Die Türken brachten Reste ihres schamanistischen Glaubens mit, die Völker am Rande der Sahara ihre religiösen Vorstellungen. So entstand eine faszinierende Weltkultur, die viele Facetten umfaßte, aber lange Zeit eigenschöpferisch blieb. Diese Entwicklung wurde getragen von der festen Überzeugung, daß man „die Beste unter allen Gemeinschaften" („khaira ummatin") sei, wie es der Koran lehrte. Hinzu kam, daß man sich als religio triumphans empfand, als siegreicher Glaube, der die Erfüllung aller vorangegangenen monotheistischen Bekenntnisse brachte. War denn nicht auch der Prophet Muhammad, im Gegensatz zu Jesus, siegreich aus allen Kämpfen hervorgegangen?

Es muß deshalb heutzutage die Muslime um so mehr schmerzen, daß gerade sie so sehr ins Hintertreffen geraten sind, und dies gegenüber einer „Welt der Ungläubigen", deren Lehre und Propheten der Koran zwar achtet und verehrt, gleichwohl aber überhöhen will. Die Christen haben ja, wie die Juden, die ursprüngliche Offenbarung des Monotheismus depraviert, verändert und verdorben. Der Zusammenstoß mit der westlichen, „christlichen" Moderne ist auch deshalb so schwer verständlich, weil die ehemaligen Schutzbefohlenen des Islams heute überall auf der Welt den Ton angeben und sogar die Reihen der Muslime, so empfindet man das in einer ganz natürlichen Reaktion, langsamer Erosion aussetzen.

Dies stößt sich auch mit der von Beginn an universalen Botschaft des Islams, die darin mit dem Christentum gewiß wetteifert. Doch während das Christentum als Folge der Aufklärung wie der Säkularisierung den Gedanken an eine Missionierung heute eher herunterspielt, sind die säkulariserten Verfechter der Moderne an seine Stelle getreten. Ihre Ansprüche werden von vielen Muslimen als übermächtig empfunden und, zumindest von einem Teil, als Elemente der Fremdbestimmung abgelehnt. Eine Vielfalt sozialer und politischer Probleme ebenso wie die Überzeugung, im weltpolitischen Maßstab nur ausgenutzt und zugunsten anderer, etwa Israels, benachteiligt zu werden, haben eine antiwestliche Attitüde islamischer Selbstbesinnung entstehen lassen, die heute unter dem Namen

„Islamismus" firmiert, eine in vielem radikale Politisierung und Ideologisierung einer Weltreligion. Deren apologetisch-traditionalistische Grundhaltung gibt es freilich auch in einer quietistischen Variante, während ihre aktiven Betreiber sich zum Beispiel der modernsten Mittel der Kommunikation bedienen.

Weitgehend abgemeldet scheinen heute jene muslimischen „Liberalen" zu sein, die in einer mehr oder weniger exzessiven Nachahmung bloß äußerlicher Formen – bis hinein in die Politik – nach ihrer Meinung der Moderne schon Genüge getan haben. Die Frage nach einem wirklichen Aufbruch, nach einer Veränderung, die Authentizität wahrt, ohne das Alte zu versteinern und das Neue nur nachzuäffen, ist zur gegenwärtigen Jahrtausendwende gänzlich offen. Ob der „Tarich", die heilgeschichtlich-islamische Datierung, eine innere Wiedergeburt, nicht nur äußerliche Fortsetzung erleben wird oder in tödlicher Selbstisolierung erstarrt, wird das kommende Jahrhundert zeigen. Die Suche nach der Antwort, was der wahre Islam sei, ist so ungewöhnlich nicht und hat die Muslime wohl auch zu allen Zeiten bewegt.

Ist der Glaube mehr Gesinnung oder Gesetz? Wie tief reicht er in das Innere des Menschen hinein, wenn er mehr ist als die Befolgung gewisser Glaubensregeln?

Schon früh haben die Muslime über solche Fragen debattiert und dabei Antworten gefunden, die nicht immer miteinander zu vereinbaren waren. Wir kennzeichnen sie hier als die Dialektik von Außen und Innen, von Gesetz und religiöser Schau, von Gehorsam und Gottesliebe, Extreme, die für viele Außenstehende bis heute das Bild des Islams in einer Weise prägen, die sie, wenn überhaupt, nur schwer miteinander in Verbindung bringen können. Dies gilt offenbar um so mehr, je stärker der von außen, aber noch intensiver von innen kommende immense Druck auf diese Weltkultur und -religion die ganze Gestalt des Islams zu zerreißen droht.

Eine Religion der Extreme?
Der Islam zwischen Gesetz und Mystik

„Es ist eben eine tragische Eigenschaft der Araber, daß sie immer zwischen zwei Polen pendeln müssen, niemals einen Mittelweg gehen können."
MUHAMMAD ASAD

Ist der Islam eine Religion der Extreme? Diese Frage erscheint vielen in letzter Zeit nur allzu berechtigt. 80 000 Tote in Algerien in den vergangenen fünf Jahren, unter Berufung auf den Islam, blutige Attentate gegen Fremde in Ägypten, Christen-Verfolgung im Sudan, Massenhinrichtungen in Iran, das heißt in einer sogenannten „islamischen Republik", Enthauptungen mit dem Schwert in Saudi-Arabien, einem eher traditionalistischen Königreich, das sich als Hüter der heiligen Stätten des Islams in Mekka und al-Medina versteht. Blutrache unter Albanern und Jemeniten, gewalttätige Übergriffe gegen Christen in Pakistan, ja, selbst in der Türkei.

Das sind nur einige wenige Stichworte, die im Zusammenhang mit der heutigen Fundamentalismus-Debatte im Islam immer wieder genannt werden. Sie beherrschen die Nachrichten, aber oft genug auch die Kommentierung der Medien. Das Bild des Islams in den westlichen Gesellschaften scheint sich seit einiger Zeit ganz ins Negative zu verkehren.

Als Gegenbild erscheint vielen Europäern etwa ein als sanft und friedfertig rezipierter Buddhismus, der noch dazu als religiöse Aufforderung an das einzelne Individuum ergehe und sich um kollektive Selbstbehauptung wenig schere. Andererseits gibt es Dementis von liberalen Muslimen. Jene Phänomene hätten mit dem „wahren Islam" nichts zu tun. Orientalisten aus westlichen Ländern assistieren ihnen: Der Islam sei vergleichsweise tolerant. Verglichen mit dem Christentum habe diese Religion in ihrer langen Geschichte kaum eine Inquisition gekannt und sich gegenüber den religiösen Minderheiten oft weitaus großzügiger gezeigt als andere Bekenntnisse, vor allem das Christentum. Solche Behauptungen seien zwar nicht populär, träfen aber zu.

Was ist nun richtig? Und was ist der „wahre Islam"? Gibt es auch einen Islam, der ganz anders ist, und warum hört man nichts von ihm?

Klassische Texte sind in jeder Religion geeignet, ein Für und Wider zu provozieren. Es ist bisher noch jedem Scharfmacher, der dies nur wollte, gelungen, die entsprechenden heiligen Texte aufzufinden, um seine aggressiven Ziele zu rechtfertigen, wie umgekehrt auch all diejenigen fündig wurden, die das Gegenteil zeigen wollten. Sogenannte heilige Texte sind eben eine Sache für sich, vielschichtig deutbar, semantisch oft nicht eindeutig. Und dies scheint auch für die aus ihnen abgeleiteten Texte zu gelten, die den religiösen Traditionalismus konstituieren. Die religiöse Sprache wird oft mit dem profanen Sprechen verwechselt. Doch zunächst einmal zur Praxis.

Betrachten wir einmal kurz ein Land wie Saudi-Arabien, das sich als Hort strikter Rechtgläubigkeit in der islamischen Welt darstellt und als Ort der alljährlich stattfindenden Wallfahrt, der Haddsch, auch durchaus Anerkennung in dieser Rolle findet. Selbst Gläubige aus dem verfeindeten Iran pilgern ja regelmäßig nach Saudi-Arabien, um den Geboten ihrer Religion Genüge zu tun.

Der in Saudi-Arabien herrschende Wahhabismus strengster Observanz, der auf Muhammad Ibn Abdal Wahhab aus dem 18. Jahrhundert zurückgeht, kennt zum Beispiel keinerlei religiösen Überschwang der Seele. Mystik gar ist ihm fremd. Gehorsam gegenüber dem Gesetz, der Scharia, die Gott zum Wohle der Menschen erlassen hat, ist die Devise. Große Persönlichkeiten als Heilige zu verehren, gar den Propheten über Gebühr zu erhöhen, ist unnütz oder, schlimmer noch, Götzendienst, Blasphemie. Nüchtern und streng ist nach dieser Interpretation die ursprüngliche Religion der Einheit, des tauhid, in der Gott (Allah) der Herr (rabb) ist, während der Mensch als sein Knecht ('abd) vorgestellt wird. Dies ist die gängige islamische Definition des Verhältnisses zwischen dem Geschöpf (mahluq) und seinem Schöpfer (haliq). Der Wahhabismus verstand sich, als er entstand, als eine Bewegung zur Reinigung des Islams, der nach seiner Überzeugung von den Fremden – damals waren dies die Türken – entstellt und mit allerhand obskurem Beiwerk versehen gewesen sei. Der Islam, so Abdul Wahhab, mußte von diesem Beiwerk, von Heiligenkult und Mystik, gesäubert und in seiner ursprünglichen Strenge wiederhergestellt werden.

Wenn wir zunächst von manchen Texten ausgehen, die seit dem Mittelalter als autoritativ für die Orthodoxie gelten, so mag uns der Islam tatsächlich nicht nur als besonders gesetzeshafte Religion, sondern geradezu als Gesetzesreligion kat' exochen erscheinen, als Gesetzesreligion zudem, die auch von militanten Zügen nicht immer frei ist. Was heute in der Fachliteratur als „Islamismus", „Integrismus" oder „islamischer Fundamentalismus" bezeichnet wird, ist in seiner jüngsten Ausprägung bis in die Begrifflichkeit hinein zwar eine spezifisch moderne, aber vom Ansatz her keine ganz neue Erscheinung, sondern ein Phänomen, das immer wieder einmal in der Geschichte des Islams aufgetreten ist, die Militanz eingeschlossen.

Ich bringe drei kurze Texte, die das illustrieren. Der erste lautet:

„Aus dem Buch (dem Koran), der Sunna (Gewohnheit des Propheten) und der allgemeinen Einmütigkeit des muslimischen Volkes geht begründet hervor, daß bekämpft werden soll, wer das Gesetz des Islams aufgibt, auch wenn er einst die beiden Glaubensformeln (das heißt die Schahada, das Bekenntnis des Islams) ausgesprochen haben mag ... Im Hinblick auf rebellische Gruppen, die einen freiwilligen, aber festgelegten Teil der Andacht vernachlässigen, mag es Meinungsunterschiede geben ... doch gibt es keine Ungewißheit im Hinblick auf die Pflichten und Verbote, die klar und allgemeinverständlich sind. Wer sie vernachlässigt, muß bekämpft werden, bis er sich einverstanden erklärt, diese Pflichten und Verbote (wieder) zu befolgen ...“

Der zweite Text lautet:

„Dschahilijja („Heidentum“) bedeutet Herrschaft des Menschen über den Menschen oder vielmehr Unterordnung unter den Menschen statt unter Gott (Allah). Es meint Ablehnung der Vollkommenheit Gottes und Liebedienerei gegenüber Sterblichen. In diesem Sinne bezeichnet Dschahilijja nicht nur einen bestimmten historischen Zeitabschnitt, sondern einen Zustand. Einen solchen Zustand menschlicher Verhältnisse gab es früher, gibt es heute und wird es vielleicht auch in Zukunft in Gestalt von Dschahilijja, diesem Zerrbild und Todfeind des Islams, geben. Immer und überall stehen Menschen vor der klar umrissenen Wahl: entweder das Gesetz Gottes als Ganzes zu befolgen oder die von diesem oder jenem Menschen aufgestellten Gesetze anzuwenden. In letzterem Fall befinden sie sich im Zustand der Dschahilijja. Der Mensch steht am Scheideweg und muß sich entscheiden: Islam oder Dschahilijja ...“

Der dritte Text:

„Ein anderes Kennzeichen des islamischen Staates besteht darin, daß er ein ideologischer Staat ist. Aus einer sorgfältigen Untersuchung des Korans und der Sunna geht klar hervor, daß der Staat im Islam auf einer Ideologie beruht und daß es sein Ziel ist, diese Ideologie zur Macht zu bringen ... Es geht aus dieser Natur des islamischen Staates unmißverständlich hervor, daß solch ein Staat von denen regiert werden muß, die an seine Ideologie glauben sowie an das göttliche Gesetz, das sie anzuwenden haben. Die Verwalter dieses islamischen Staates müssen jene sein, deren ganzes Leben der Bewahrung und Verwirklichung dieses Gesetzes gewidmet ist ...“

Zwischen dem ersten Text und den beiden anderen liegen nicht weniger als siebenhundert Jahre. Der erste stammt von Ibn Taimijja, einem Rechtsgelehrten, der von 1263 bis 1328 in Ägypten und Syrien lebte, das heißt zur Zeit der Mameluken. Ibn Taimijja gilt als einer der wenigen Autoren, die sich im mittelalterlichen Islam überhaupt mit so etwas Sperrigem wie politischer Theorie befaßten. Heute sehen nicht wenige in ihm den geistigen Vater des zeitgenössischen Islamismus, der durch Gewalt und geistige Enge so negativ von sich reden macht.

Wenige Jahre vor seiner Geburt, 1258, hatten die Mongolen Bagdad erobert und das abbasidische Kalifat zerstört, den Kalifen selbst getötet. Der Mongolensturm war die große Katastrophe für die islamische Zivilisation des Mittelalters gewesen, viel zerstörerischer als die Invasion der christlichen Kreuzfahrer. Zwar nahmen die mongolischen Herrscher später den sunnitischen Islam als offizielles Bekenntnis an, doch für einen Mann wie Ibn Taimijja waren sie verdächtig. Sie blieben fremde Eroberer, die unter einem islamischen Firnis ihr eigenes Gesetz besaßen: die sogenannte Yasa. Diese Yasa, aus dem mittelasiatischen Nomadentum geboren, hatte Dschingis Khan zusammenstellen lassen. Es war ein primär nomadischer Verhaltenskodex, der sich natürlich mit der Scharia des Islams nicht vertrug. Ibn Taimijja sah nun seine Aufgabe darin, den Islam dadurch zu schützen, daß er die Scharia und ihre strikte Befolgung gegen die Mongolen und ihr „Heidentum“ ins Feld führte. Nach seiner Überzeugung konnte sich der Islam dieser letzten Endes doch heidnischen Eindringlinge nur erwehren, wenn er die Reihen der Gläubigen fest schloß. Das bedeutete: das islamische Gesetz durchzusetzen, koste es, was es wolle.

Die Parallele zu den beiden anderen Texten, die aus unserem Jahrhundert stammen, liegen auf der Hand. Der erste stammt von Sajjid Qutb, einem Führer der ägyptischen Muslimbruderschaft, den der ägyptische Diktator

Gamal Abdel Nasser 1966 hinrichten ließ. Der zweite Text wurde von dem indo-muslimischen Theoretiker Abul Ala al-Maududi verfaßt, der im Jahre 1979 in Pakistan verstarb, gerade als in Iran die islamische Revolution über die Bühne gegangen war.

Beide Texte knüpfen an die Auffassungen Ibn Taimijjas an. Sie sehen ihre Gesellschaften als ein neues „Heidentum“, eine neue Dschahilijja. So wie zu Ibn Taimijjas Zeiten die fremden, zunächst heidnischen Mongolen den Islam bedrohten, so bedroht heute der Westen mit seiner Moderne und mit der Globalisierung den Islam. Dieser Überwältigung muß widerstanden werden. Dazu gehört auch, daß man die eigenen Regime stürzt, die unter dem Einfluß des Westens eine unislamische Politik betreiben, und zwar sowohl nach außen wie nach innen. Zur Not kann man dies auch mit Gewalt tun, denn es handelt sich dabei um berechtigten Widerstand „wahrer Muslime“ gegen „Abweichler“.

Im Zentrum der Forderungen stehen bei den heutigen Islamisten dabei zwei Dinge: Einmal soll der Koran strikt sola scriptura gelesen werden. Eine historisierende, komplexe Lesung ist ausgeschlossen und gilt als Teufelswerk. Zum anderen soll die Scharia, das allumfassende religiöse Recht, ihre volle Gültigkeit zurückerhalten. Die Scharia soll nicht eine der Rechtsquellen des modernen Staates sein, sondern die einzige, allein gültige.

Es versteht sich, daß diese Forderung sich gegen alle Versuche einer Säkularisierung der Gesellschaft richtet. Resonanz findet die Botschaft der Islamisten auch deshalb, weil die aktuellen Regime in vielerlei Hinsicht versagt haben, besonders bei der Bewältigung der sozialen Misere, in der ein großer Teil der Bevölkerung in den meisten islamischen Ländern lebt. Das Zurück zur Scharia wird als idealer Weg zu einer „gerechten islamischen Ordnung“ angepriesen.

Der heutige Islamismus findet unterschiedliche Beurteilungen. Während seine muslimischen Befürworter in ihm eine Ideologie sehen, mit deren Hilfe es gelingen soll, eine authentische islamische Moderne zu entwickeln, das heißt eine Moderne, welche die Fehler der westlichen Entwicklung vermeidet, stellt sich den Gegnern die ganze Bewegung als ein „Aufstand gegen den Westen" (Hedley Bull) und die Globalisierung dar. Die Weltreligion des Islams werde dabei zu einer politischen Kampfideologie herabgewürdigt und mißbraucht.

Deutlich scheint indes zu sein, daß zumindest dieser Islamismus, der die Menschen vor die Wahl stellt, entweder dem islamischen Gesetz als Ganzem oder eben menschlichen Gesetzen zu gehorchen, mit den Grundlagen der westlichen Demokratie nicht zu vereinbaren ist. Die Demokratie, wie der Westen sie versteht, setzt das Volk als Souverän, während für einen Ibn Taimijja oder seine modernen Anhänger nur Gott der Souverän sein kann, dessen Ratschluß und Gesetz sich der Mensch zu fügen hat. Daß eine Mehrheit des Volkes Gesetze befürworten oder gar erlassen kann, die den Gesetzen Gottes widersprechen, ist für die Islamisten sozusagen ein Un-Gedanke.

Ganz folgerichtig kreisen die Texte von Abul Ala al-Maududi um den Begriff der Gottesherrschaft (hakimijat Allah), die der Volksherrschaft entgegengesetzt wird. Diese theokratische Ideologie wurde auch bewußt abgesetzt von der atheistisch-kollektivistischen Ideologie des Kommunismus und der positivistisch-individualistischen Ideologie des Westens, was in Ajatollah Chomeinis Devise „Weder West noch Ost, sondern Islam" sehr gut zum Ausdruck kam.

Eine Welt trennt solch strenge Observanz, ja, Militanz von jenem anderen „Extrem", das sich ebenfalls in zahlreichen Texten niedergeschlagen hat, in Texten, die in vielerlei Hinsicht sogar charakteristischer sind für die islamische Kultur insgesamt als die vorhergehenden. Mindestens ebenso stark wie das Gesetzeshafte haben sie in den zurückliegenden Jahrhunderten die Lebensweise und vor allem das Lebensgefühl der Muslime geprägt. Es sind Texte der Mystik, von denen ich einige besonders aussagekräftige kurz vorstellen möchte:

Der erste Text stammt aus dem 3. Jahrhundert der Hidschra, das dem 9. nachchristlichen Jahrhundert entspricht, und zwar von dem Ägypter Dhu'n Nun:

„Der Gnostiker wird mit jeder Stunde demütiger, denn jede Stunde zieht ihn näher zu Gott. Die Gnostiker sehen ohne Wissen, ohne Schau, ohne Kunde, die sie empfangen, und ohne Beobachtung, ohne Beschreibung, ohne Verhüllung und ohne Schleier. Sie sind nicht sie selber: denn soweit sie existieren, existieren sie in Gott. Ihre Bewegungen werden von Gott verursacht, ihre Worte sind die Worte Gottes, die durch ihre Zungen geäußert werden, und ihr Blick ist der Blick Gottes, der in ihre Augen gekommen ist. Denn Gott der Erhabene hat gesagt: Wenn Ich einen Diener liebe, dann werde Ich sein Ohr, damit er durch Mich hört. Ich werde sein Auge, daß er durch Mich sieht, und seine Zunge, daß er durch Mich spricht, und seine Hand, damit er durch Mich nimmt ... Niemand sieht Gott und stirbt, wie auch niemand Gott sieht und lebt, denn sein Leben ist ewig, und wer Ihn sieht, bleibt in Ihm und wird von ewiger Dauer."

Der zweite Text ist von Bayazid Bistami, der im Osten der islamischen Welt lebte; er stammt ebenfalls aus dem 3./9. Jahrhundert:

„Ich sah, daß mein Geist zu den Himmeln getragen wurde. Er sah auf nichts und beachtete nichts, obschon Paradies und Hölle vor ihm ausgebreitet waren, denn er war frei von (sinnlichen) Wahrnehmungen und Schleiern. Dann wurde ich ein Vogel mit einem Leib aus Einheit und Schwingen aus Ewigkeit und flog immer weiter in der Luft des Absoluten, bis ich in die Sphäre der Reinigung gelangte, auf das Feld der Ewigkeit blickte und den Baum der Einheit schaute. Als ich aufsah, war das Alles nur mein Selbst. Ich rief: O Gott! Mit meiner Selbstsucht kann ich Dich nicht erreichen, was soll ich tun? Gott sprach: O Abu Yazid! Du mußt Dich von Dir selbst befreien, indem Du Meinem Geliebten (d. i. Muhammad) folgst. Bedecke Deine Augen mit dem Staub von seinen Füßen und folge ihm immerdar ... Gott erhob mich einmal und stellte mich vor sich und sprach zu mir: O Abu Yazid, Meine

---

Geschöpfe möchten Dich gerne sehen. Da sagte ich: Schmücke mich mit Deiner Einheit und bekleide mich mit Deiner Ichheit und erhebe mich zu Deiner Einzigkeit, damit Deine Geschöpfe, wenn sie mich sehen, sagen mögen: Wir haben Dich (Gott) gesehen, und Du bist es, und ich bin nicht mehr da."

Welch ein Unterschied zu den vorherigen Texten! Hier ist nicht die Rede vom Gesetz, von Gebot und Verbot, sondern vom Schauen Gottes, vom Selbst, von Gnosis und Erkenntnis ohne Schleier, von Liebe und von Demut, ja, vom Verschwinden des Selbst in der göttlichen Einheit, in der alles sich befinde. Ist das nicht wahrlich ein Extrem zu jener rigiden Form einer islamischen Ideologie, über die ich zuerst gesprochen habe?

Doch was als Gegensatz der Extreme erscheint, läßt sich auch auf andere Weise deuten: als der traditionelle, im Grunde ja allen großen Religionen bekannte Widerstreit zwischen exoterischer und esoterischer Religion. Die sich in der Welt organisierende Offenbarung wird unmittelbar nach Stiftung der Religion durch Gesetze und Traditionen veräußerlicht, wird für alle verbindlich praktikabel und – wie man es in moderner, soziologischer Sprache und bezogen auf das Christentum ausgedrückt hat – „verbürgerlicht". Nach einiger Zeit ruft dies den Widerstand tiefer veranlagter Geister hervor. Sie versuchen, neue Spiritualität, neuen Tiefgang in das ritualisierte religiöse Leben der Gemeinde zu bringen. Der Antagonismus bricht auf zwischen äußerlichem Dogma (zahir) und esoterischer, innerlicher Erfülltheit und Schau (batin), zwischen dem Geheimnis des Glaubens (sirr) und seiner bloßen gesetzeshaften Befolgung. Oder, wie es ein bekannter Mystiker des Islams einmal ausgedrückt hat: Der Glaube ist wie eine Nuß. Außen befindet sich die Schale, innen der Kern. Um die Entdeckung des Kerns geht es den Mystikern.

Fast von Beginn an begleitet dieser Gegensatz zwischen Außen und Innen auch den Islam, ja, ihn vor allem. Man hat das früher nicht genau genug gesehen. Zwar kannte man die Mystik im Islam, den Tasawwuf, in der westlichen Gelehrtenwelt schon seit dem 18. Jahrhundert; doch man deutete ihn falsch. Noch der bekannte Arabist Max Horten vertrat in unserem Jahrhundert die Auffassung, die Mystik im Islam sei das Ergebnis seiner Begegnung mit anderen asiatischen Religionen, vornehmlich mit dem Buddhismus und Hinduismus gewesen. Deren kontemplativer Charakter habe den ursprünglich aktivistischen, später dann stark gesetzesreligiösen Islam beeinflußt und ergänzt, als die Muslime Indien erobert hatten.

Solche Thesen sind heute widerlegt. Der Tasawwuf, der innere Islam mystischer Prägung, ist ein urtümlich islamisches Phänomen und im Grunde so alt wie der Islam selbst. Schon einige Stellen des Korans, etwa der berühmte Lichtvers, in dem es heißt, Gott sei das Licht des Himmels und der Erde, das einer Nische gleicht, in der eine Lampe brennt, aber auch jene Verse, die von Muhammads Himmelsreise handeln (Koran, Sure 17), lassen sich als mystische Anweisung auf dem Weg zur inneren Gotteserkenntnis lesen und interpretieren. Der Tasawwuf wurde zeitweise so stark, daß er den Gesetzesislam für viele Jahrhunderte geradezu überwölbte. Dies war ja einer der Gründe für die wahhabitische Revolution im 18. Jahrhundert, in der der Reformator Muhammad Abdal Wahhab die Rückkehr zum nüchternen Gebäude des Gesetzesislam forderte. Die Mystik hatte so starke Prägekraft, daß man außerhalb des dar al-Islam den Islam oft mit ihr gleichsetzte; leider auch mit gewissen Verfalls- und Entartungserscheinungen, von denen die europäischen Reisenden des vorigen Jahrhunderts so häufig sprechen. Man denke an James Moriers großartiges Buch „Die Abenteuer des Hadschi Baba von Isfahan“, in dem die Derwische als besonders gerissene Betrüger auftreten. Doch diese Autoren ließen sich täuschen durch die oberflächlichen Zeichen eines religiösen Gauklertums, das für eine gänzlich heruntergekommene und veräußerlichte Mystik stand. Diese hatte mit dem wahren Geist des Tasawwuf freilich nichts zu tun.

Auch im Islam ging die mystische Praxis der Theorie voraus. Das kontemplative Leben wurde von einzelnen Frommen als Ziel gewählt und dann von ihnen nach ihren Vorstellungen ausgestaltet. Diese Einzelnen formten bald Zellen und Brennpunkte, um die herum sich dann Gleichgesinnte scharten. Es entstanden regelrechte Mystiker-Schulen, die auch miteinander wetteiferten. Jeder Mystiker hatte eine spezielle Methode, die Religion zu verinnerlichen und zu inneren, spirituellen Erfahrungen und Erlebnissen zu gelangen. Diese wollten die Schüler von ihrem jeweiligen Meister erwerben. Erst später gelang es dann Dichtern und Denkern, das Erlebnishafte der Mystik in theoretischen Traktaten und Dichtungen, vornehmlich in persischer Sprache, aber auch in Arabisch auf eine eher abstrakte Ebene zu heben und zu bewahren.

„Tasawwuf" ist mit „suf" verwandt, dem arabischen Wort für Wolle. Die islamischen Mystiker, die „Mutasawwifun", sind Leute, die sich in Wolle kleiden, das heißt in einfache Gewänder, und die durch Besinnung auf geistliche Armut und Spiritualität auch einen gewissen sozialen Protest gegenüber den Reichen und auch gegenüber einer veräußerlichten religiösen Orthopraxie zum Ausdruck bringen wollten. So jedenfalls lautet eine der herkömmlichen Erklärungen für den Begriff. In den Städten Bagdad und Basra finden wir die frühen Ursprünge des Sufismus, und zwar in Gestalt einer asketischen, quietistischen Bewegung, die zunächst den Begriff der Gottesminne, Gottesliebe thematisiert. Hasan al-Basri und die große Mystikerin Rabi'a al-Adawijja, eine Theologin, sind die frühen Vertreter der Askese, dann der Liebesmystik. Ihnen ging es darum, den Islam vor allem als eine Liebesbotschaft zu erfassen, wie sie in anderen Religionen auch enthalten, oft jedoch verborgen und verschüttet ist. Sie muß entschleiert werden hinter den Definitionen der Theologie und dann in den Herzen der Menschen leben. Den islamischen Gottesminnern, den „fidèles d'amour", wie Henry Corbin sie nennt, ging es darum, die Liebe und das Streben nach Gotteserkenntnis, nicht den Gehorsam, als die kardinale Tugend des Muslims zu entfalten. Gott wird zum Objekt der mystischen Liebe, so wie auch Er den Menschen als sein Geschöpf liebt. In der Sprache der Sufis ist Gott der Geliebte (ma'schuq) und der Mensch der Liebende ('aschiq). Im Akt der Gottesminne ('ischq), dessen Gipfel die unio mystica ist, sind Liebender, Geliebter und Liebe eins geworden, so daß alle Trennungen und Schleier fallen.

Doch die angestrebte Einung mit Gott muß erarbeitet werden. Obwohl der Islam den Gedanken der Askese um ihrer selbst willen abweist, kann doch ein typischer Weltmensch nicht zu ihr gelangen. Man muß lernen, die Triebseele (nafs) zu beherrschen, so wie der Reiter das Pferd beherrscht. Normalerweise ist es umgekehrt, beherrschen die Triebe den Menschen. Es bedarf einer ganz bestimmten Lebensweise, der Pflege eines mystischen Pfades (tariqa), auf dem der mystisch Liebende eine Anzahl von „Stationen" (mawaqif) und „Zuständen" (ahwal) zurücklegen muß, bevor er die beiden letzten Stadien, das „Entwerden in Gott" (fana' fi Allah) und das „Dauern in Gott" (baqa' fi Allah), das als höchste Seligkeit vorgestellt wird, erreicht. Die späteren Theoretiker des Sufismus haben geradezu Listen jener Stationen und Zustände aufgestellt, die der Adept durchlaufen muß, wenn er den Pfad der von Gottesliebe getragenen mystischen Erkenntnis beschreiten will. Es sind: Reue, Gottvertrauen, Armut, Geduld, Dankbarkeit, Zufriedenheit, Furcht und Hoffnung, Erkenntnis, Liebe, Entwerden, bleibendes Dauern in Gott, ein Zustand, der wie das Eintauchen eines Regentropfens vorgestellt wird, der sich im Ozean verteilt.

Die Religionswissenschaft sieht heute in den beiden letzten Stufen der Einung, im Entwerden und im bleibenden Dauern, nichts anderes als die coincidentia oppositorum der christlichen Mystiker oder das sat cid ananda der Hindu-Heiligen, das heißt jene Seins-Gewahrseins-Seligkeit, die am Ende des kontemplativen Pfades auf den inneren Menschen wartet. Auch der heilige Augustinus hat bekanntlich die Auffassung vertreten, im inneren Menschen wohne die Wahrheit, und in das Innere müsse man zurückkehren, wenn man sie erfahren und erschließen wolle. Als kollektive Methode zur Annäherung an die Ekstase, das Aus-sich-Heraustreten, haben viele Sufis den „Zikr" gepflegt, das heißt die psalmodierende Wiederholung bestimmter religiöser Formeln. Auf dem Höhepunkt der islamischen Zivilisation erreichte auch die Mystik ihre großartige Vollendung. Meister wie al-Muhasibi, Bayazid Bistami, Sahl al-Tustari, Dschunaid und viele andere erwarben sich den Ruf mystischer Weisheit und überhöhter Frömmigkeit.

Geradezu paradigmatisch wurde die Figur des Mystikers al-Husain Ibn Mansur, genannt al-Halladsch, „der Wollkrempler", dessen Fall jedoch auch die Schwierigkeiten aufzeigte, die der orthodoxe Islam gesetzeshafter Prägung mit den esoterischen Ausdeutungen, mit dem inneren Islam, haben konnte. Auch damit steht der Islam unter den Religionen nicht allein.

Al-Halladsch, der persischer Herkunft war, wurde in Bagdad im Jahre 922 n. Chr. hingerichtet, offiziell wegen Blasphemie. Doch dürfte auch eine Rolle gespielt haben, daß seine unorthodoxen Meinungen über den inneren Islam politisch nicht länger geduldet werden konnten. Das Kalifat der Abbasiden zeigte damals schon bedenkliche Risse, so daß religiöse „Ketzerei" und politische Turbulenzen vom Establishment zusammengesehen wurden. Die Orthodoxie drang auf die Einhaltung des religiösen Gesetzes und verwarf jene mystischen Formen einer weitgehend „privaten" Religiosität, die den Vorläufer zu einem weltlichen, wenn nicht gar existentialistischen Verständnis der Religion bilden konnte, obwohl auch ein Mann wie al-Halladsch niemals gegen das Religionsgesetz agitierte. Im Gegenteil: Halladsch erfüllte es, machte alleine viermal die Wallfahrt nach Mekka. Doch sein inkriminierter Satz „Ich bin die Wahrheit" (ana al-haqq) zeigte deutlich, daß er das Wesen des Islam nicht in der Befolgung äußerlicher Riten oder in der Scharia allein sah, sondern in einer fast schon modern anmutenden religiösen „Existenzerhellung" (Heidegger, Jaspers), einer freiwilligen Hingabe an Gott (islam) als Erkenntnis- und Liebesobjekt. Spätere Häresiographen des Islams haben Halladschs berüchtigte Parole „ana al-haqq" wiedergegeben als „Ich bin Gott", das heißt in einer Weise, die er nie beabsichtigt hatte. Die Kritiker Halladschs wollten damit jedoch dokumentieren, daß sich der Mystiker mit Gott selbst gleichgesetzt habe und die Mystik insgesamt pantheistisch und daher abzulehnen sei.

Doch die Wirklichkeit, zumal die spirituelle, fügt sich nicht in solche unflexiblen, schlagwortartigen Begriffe, noch dazu, wenn sie in negativer Absicht oder gar von fremden, außenstehenden Beobachtern verwendet werden. Pantheismus, Monismus und ähnliche westliche Prägungen besagen im islamischen Orient zunächst einmal gar nichts. Die deutsche Islamwissenschaftlerin Annemarie Schimmel, die sich ein Leben lang mit Halladsch und seinem mystischen Werk auseinandergesetzt hat, überträgt seinen Satz „ana al haqq" mit: Mein Ich ist die schöpferische Wahrheit. Das klingt schon ganz anders als die in der Tat blasphemische Übertragung „Ich bin Gott". Auch Louis Massignon, der große Entdecker Halladschs für Europa, hat es immer abgelehnt, Halladschs Ideen von der kurzzeitigen Herrschaft der göttlichen Natur im Mystiker rein pantheistisch, monistisch-idealistisch oder im Sinne des „hulul", das heißt eines totalen

Identitätsaustausches von Mensch und Gott, einer Einwohnung Gottes im Menschen, zu interpretieren.

Gleichwohl hat eine Verflachung dieser Ideen später dazu geführt, daß das pantheistische Mißverständis entstehen und sich ausbreiten konnte. Ihren Höhepunkt erlebte die Mystik, als sie durch die persische Dichtung aus dem engen Zirkel von Asketen, Intellektuellen und Theologen in das Volk eindrang und wirklich volkstümlich wurde. Die persischen Dichter Attar, Nezami, Dschami und vor allem Mevlana Celalettin Rumi verbreiteten die religiöse Liebesmystik nicht nur in ihren großen Versepen, sondern auch in ihrer lyrischen Dichtung, die gewissermaßen von Mystik durchtränkt ist. Stichworte sind dabei die berühmten Liebesepen der persischen Poesie, etwa: Laila und Madschnun, Chosrau und Schirin, Wamiq und Asra, Wis und Ramin, deren Liebesbeziehung neben der irdischen Dimension auch immer eine mystische, der Gotteserfahrung zugewandte tiefere Bedeutung enthält.

Dancben publizierten immer wieder Theoretiker der mystischen Philosophie und Theologie, der sogenannten islamischen Gnosis ('irfan), ihre Traktate. Solche bedeutenden Werke sind, vor allem im persischen Sprachbereich, bis in das 19. Jahrhundert hinein verfaßt worden. Handbücher der Mystik sind auch noch heute zwischen den Bergen des marokkanischen Atlas und den Inseln Indonesiens sehr beliebt. Zu denken ist an die Risala des al-Quschairi, an das Kaschf al-Mahdschub von Hudschwiri oder an das berühmte Buch „Tadhkirat al-auliya" von Attar.

Der größte Theoretiker des mystischen Weltbildes war der andalusische Sufi Muyiaddin Ibn al-Arabi, gebürtig aus Murcia in Andalusien, gestorben 1240 nach Christus in Damaskus. In seinem Tardschuman al-aschwaq, dem „Dolmetsch der mystisch Liebenden", zeigt er sich zwar auch als Anhänger der Liebesmystik, doch ist er mehr ein abstrakter Denker, der die Welt unter Zuhilfenahme metaphysischer Entwürfe mystisch deutet, und zwar in einer Weise, die modern anmutet: als Theophanie der Gottheit. Gott, der logisch früher ist als die Schöpfung, zeigt sich in allen ihren Teilen. Auch hier liegt wieder der Pantheismus-Verdacht nahe, und er ist auch gegenüber Ibn Arabi vorgebracht worden.

Eindeutiger feststellbar ist hingegen, daß solche intellektuellen Theorien über das mystisch Eine, das sich in der Einheit der Welt entfaltet und auf diese Weise vielfältig wird, ohne die Einflüsse der antiken Philosophie, vor allem Platons und des Neuplatonismus, nicht denkbar waren. Gerade nach Ibn Arabi vollzieht sich die göttliche Theophanie anhand der platonischen Ideen, die das Musterbild aller geschaffenen Dinge darstellen. Der Mensch muß durch das Streben nach Liebe und Erkenntnis seinen ursprünglich geschaffenen Kern, die sogenannte „fitra", freilegen und seine Persönlichkeit so weit entwickeln, daß man ihn als „vollkommenen", das heißt allheitlichen Menschen (insan al-kamil) bezeichnen kann.

Auch die islamische Mystik wurde bald institutionalisiert, und zwar in berühmten Bruderschaften (Tariqas), die im allgemeinen nach ihrem Begründer genannt wurden: etwa die Qadirijja, Maulawijja, Tidschanija, Rifaijja, Derqawijja, Sanussijja, Naqschbandijja und viele andere. Die Tariqas verbreiteten sich oft grenzübergreifend in vielen Regionen der islamischen Welt und fanden große Popularität. In der osmanischen Türkei war am Ende jeder zweite oder dritte männliche Erwachsene Mitglied einer Bruderschaft. Diese Gruppierungen hatten im allgemeinen ein Zentrum, von dem aus sie Klöster und Zellen weit außerhalb errichteten. Die Maulawjja hatte ihren Mittelpunkt in Konya in Anatolien, dehnte sich von dort auf den Balkan, nach Syrien und nach Ägypten aus.

Der bruderschaftliche Islam war oft stark mit dem ländlichen Volksislam verbunden und bezog daraus seine

Kraft. Diese Strukturen sind noch heute am Werk. Zum Teil waren und sind die Bruderschaften ganz in den orthodoxen Islam integriert, bisweilen jedoch kam und kommt es zu Abgrenzungen, da der innere Islam im Glauben mehr eine Angelegenheit des Herzens sieht, weniger des Gehorsams.

Daß Gesetzesreligion und Mystik keine unvereinbaren Extreme sein müssen, bewies der berühmteste Theologe des islamischen Mittelalters: der im Jahre 1111 gestorbene Abu Hamid Muhammad al-Ghazali (siehe unten). Sein Leben ist symptomatisch für einen bestimmten Typus des islamischen Intellektuellen. Al-Ghazali war Perser und entwickelte sich zu einer Leuchte der Theologie. Die Abbasiden holten ihn nach Bagdad, damit er dort den subversiven Einfluß des sozialrevolutionären Schiitentums bekämpfe, die sogenannte Batinijja. Er lehrte an der Nizamijja, einer Anstalt, die von dem Wesir Nizam al-Mulk gegründet worden war. Al-Ghazali war unter den Einfluß des Rationalismus geraten, hatte auch die Schriften der griechisch beeinflußten islamischen Philosophen studiert. Doch genau dies stürzte ihn in die große Krise seines Lebens. Die Philosophie lehrte ihn, daß durch rationales Denken die Wahrheiten des Glaubens nicht zu sichern seien. Er explizierte das in seiner Schrift „Die Inkohärenz der Philosophen". Mit Hilfe des Sufismus schließlich überwand al-Ghazali seine Glaubenskrise, ein ergreifender seelischer Prozeß, den er in seinem Buch „Der Erretter aus dem Irrtum" fast in der Manier der Confessiones des Heiligen Augustinus schilderte. Al-Ghazali verstand, daß ein Glaube, der nicht durch das Organ des Herzens „erkannt" wird, leblos bleibt, ein höchstens abstrakter Schemen, der niemanden bindet und überzeugt. In seinem großen Hauptwerk, der „Wiederbelebung der religiösen Wissenschaften", versucht er denn auch eine Synthese aus Gesetzesfrömmigkeit und Mystik, vor allem deren gemäßigter Form. Der

Islam ist auch nach al-Ghazali Gesetzesreligion, doch es ist ein Gesetz, das nicht erzwungen werden darf. Es muß freiwillig akzeptiert werden, andernfalls ist es bloßer „Augendienst“ und damit nichtswürdig. Umgekehrt ist die Mystik kein unbegrenzter Überschwang der Seele, ohne Form und Halt, sondern eine Herzensfrömmigkeit, die am Gesetz auch eine Stütze findet. Noch immer, so scheint mir, hat der große Theologe al-Ghazali den Muslimen etwas zu sagen.

Folgte man ihm mehr, als das heute der Fall ist, ließen sich manche jener Irritationen vermeiden, die heute das Verhältnis zwischen dem islamischen Orient und dem nur noch partiell christlichen Okzident bestimmen. Es liegt eine gewisse Tragik darin, daß das Verhältnis zwischen Muslimen und „Westlern“ sich gerade zu einer Zeit wieder zu trüben begann, da sich der Westen gegenüber dem Osten geöffnet hatte. Eines der positiven Resultate des Zweiten Vatikanum war gewesen, daß sich die Katholische Kirche in den sechziger und siebziger Jahren gegenüber dem Islam aufschloß und die Katholiken dazu aufrief, das „Wahre im Glauben der Muslime anzuerkennen“, wie es hieß. Eine solche Wende ließ damals hoffen. Sie wurde freilich alsbald wieder beeinträchtigt durch die islamische Revolution in Iran mit all ihren teilweise grausamen Folgen, ein Ereignis, das niemand im Westen so recht verstand und das die alten Gräben zunächst wieder aufriß, trotz vieler Versuche, den Dialog einzuleiten.

Heute wogen die Auffassungen im Westen hin und her. Das Stichwort vom „Zusammenprall der Kulturen“ bestimmt die Debatte, positiv wie negativ. Immerhin muß es überraschend anmuten, daß in unseren Tagen sich die Politikwissenschaft an führenden Universitäten eines so sperrigen Themas, wie der Islam es offenbar zu sein scheint, annehmen muß. Die Kreml-Astrologie von einst ist, so sieht es jedenfalls aus, der besorgt-analytischen Beobachtung des Orients gewichen.

Analyse oder Feindbild?

Samuel P. Huntington und der Islam

Seit der Machtübernahme des Ajatollah Chomeini in Teheran im Februar 1979 sind ganze Bibliotheken von Literatur über den modernen Islam entstanden, die doch im Westen die Ratlosigkeit, so hat man den Eindruck, eher vergrößert als vermindert haben. Die Diskussion um Wesen und Ziel des sogenannten islamischen „Wiedererwachens", des Islamismus, Integrismus oder islamischen „Fundamentalismus", dauert nun schon seit mehr als zwei Jahrzehnten an, und vieles spricht dafür, daß sie auch nach der Wende zum 21. Jahrhundert noch einige Zeit fortgesetzt werden wird, unter Muslimen wie Nicht-Muslimen.

Welches Bild bietet der Islam seinen auswärtigen Betrachtern? Wer oder was begründet dieses Bild, und inwiefern trifft es zu? Bei der Beantwortung dieser Fragen wird es, soviel scheint schon heute sicher, nicht primär um Religionsgeschichte, Theologie oder auch um die seit Helmuth von Glasenapp und Friedrich Heiler populäre vergleichende Phänomenologie der Religionen gehen, sondern um die Frage, wie der Islam „in politicis" einzuschätzen sei. Ist er eine letztlich unreformierbare Religion, oder widersetzt er sich nur Ansprüchen, ihn von außen manipulieren zu wollen? Welche Rolle wird der Islam in einer künftigen Weltpolitik spielen? Aktuelle Anlässe für solche Fragen gibt es, wie ein flüchtiger Blick in die Zeitungen lehrt, in Hülle und Fülle.

Ist etwa, so wurde angesichts der blutigen algerischen Ereignisse gefragt, der Islam gar eine Bedrohung für

Europa und den Westen? Oder, anders ausgedrückt, soll man diese Art des religiösen Fundamentalimus fürchten und sich mit aller Schärfe und Entschiedenheit auf sie einstellen? Oder liegt hier nur eine der vielen Fehlwahrnehmungen des Westens vor, der Gefahren und Bedrohungen dort sieht und übertreibt, wo sie in Wirklichkeit gar nicht sind? Man denke nur an das Gerede von der „gelben Gefahr“, das in den zwanziger Jahren nach der Publikation von Oswald Spenglers berühmt-berüchtigtem Buch „Der Untergang des Abendlands“ im Schwange war.

Nichts eignet sich besser, den Hintergrund dieser gegenwärtigen Diskussion zu illustrieren, als ein Buch, das schon jetzt die Geister scheidet und viele Islam-Forscher dazu zwingt, Stellung zu beziehen: Samuel P. Huntingtons Werk „The clash of civilizations“, der „Kampf oder Zusammenprall der Kulturen“, dessen Kernthese schon vor geraumer Zeit zunächst als Aufsatz in Amerika in der Zeitschrift „Foreign Affairs“ erschienen war, dann aber als Traktat der politikwissenschaftlichen Literatur den internationalen Buchmarkt erobert hat. In Deutschland spaltete die öffentliche Rezeption dieses Buches die Menschen – wie das in letzter Zeit bei vielen Themen der Fall gewesen ist – in zwei fast unversöhnliche Lager.

Wer für dieses Buch ist, gilt vielen als geradezu moralisch diskreditiert, als Eurozentrist, der den Westen abschotten möchte vor Fremden und für Weltoffenheit wenig übrig hat. Wer gegen dieses Buch ist, gilt als weltoffen, aufgeschlossen, tolerant, lernfähig und jeder Kleingeisterei abhold. Er beteiligt sich nicht am neuen „Kreuzzug gegen den Islam“, den man dem Autor Huntington, wie selbstverständlich und ohne ihn persönlich zu kennen, oft unterstellt. Viele, die über Huntington urteilen, haben das Buch freilich gar nicht gelesen und bewegen sich auf der Ebene der Schlagworte. Es geht ihnen, wie den angeblichen Lesern vieler Bestseller: Sie kennen nur die Zusammenfassungen des Inhalts von den kurzgefaßten Werbetexten des Verlages oder die Kritiken.

Doch auch wer nach einer gründlichen Lektüre des Werkes Kritik an Huntingtons Arbeit übt (und kritische Punkte lassen sich in diesem Buch durchaus anführen), muß wenigstens zugeben, daß der Autor einen politischen Traktat publiziert hat, der endlich wieder einmal Anlaß zu lebhaften Diskussionen und Kontroversen bietet und nicht im Massengrab der Rezensionen versinkt. Der Autor beleuchtet, wenn auch oft zugespitzt, vom Standpunkt des Politikwissenschaftlers aus einen wichtigen Aspekt unserer modernen Welt. Zu Recht haben erste Auseinandersetzungen mit dem Werk darauf hingewiesen, daß es mehr spekulativ deutend und wertend denn empirisch sei. Das ist ein gewichtiger Einwand.

Aber was eigentlich behauptet Huntington?

Seine Grundthese lautet: Nach dem Ende des Kalten Krieges, dem Aufhören des Konfliktes zwischen der freien Welt und dem Kommunismus, droht eine Konfrontation der Kulturen oder, im englischen Sprachgebrauch, Zivilisationen, von denen Huntington insgesamt sieben ausmacht: die westliche, die islamische, die christlich-orthodoxe, die hinduistische, die buddhistisch-konfuzianische, die lateinamerikanische und die schwarzafrikanische. Standen früher die meisten Nationen entweder im westlichen oder im östlichen Lager, so entscheiden sie sich jetzt, nachdem die beiden Lager nicht mehr existieren, für die Zugehörigkeit zu ihrer Mehrheitskultur. Die Vorstellung des Westens, alle Welt wünsche, wie er zu werden, hat sich als arroganter Irrglaube erwiesen. Gegen die Globalisierung, die vom Westen ausgeht, setzen die außereuropäischen Kulturen zunehmend und, wie Huntington betont, mit gutem Recht ihre eigene Identität.

Diesen positiven Punkt, der den außerwestlichen Kulturen ihr volles Recht auf die eigene Identität zurückgibt, wird übrigens von den vehementesten Kritikern Huntingtons immer verschwiegen, um ihn von vornherein moralisch in Mißkredit zu bringen.

Da die Kulturen aber nun einmal unterschiedlich sind, bleiben Konflikte nicht aus. Der Westen muß sich auf sie einstellen, wenn er seine durchaus unverwechselbaren Werte gegen die Konkurrenz anderer Werte verteidigen will. Dies gilt, nach Huntington, vor allem für seine Haltung gegenüber dem Islam. Das Verhältnis zum Islam ist nach ihm insofern besonders brisant, als der Islam dem Westen unmittelbar benachbart ist und einen ähnlichen Anspruch auf Ausbreitung in der Welt erhebt, wie es das Christentum vor seiner Säkularisierung tat, oder wie es heute durch die westlich geprägte Moderne geschieht. Zumindest die islamischen Eiferer, daran lassen ihre theoretischen Schriften ja keinerlei Zweifel, wollen dem Islam weltweit zum Sieg verhelfen.

Man wendet nun gegen Huntington ein, durch seine Thesen schaffe er ein „Feindbild Islam" und beschwöre die Gefahr einer „Prophezeiung, die sich selber erfülle" („self-fulfilling prophecy") herauf.

Ich halte beide Einwände für fragwürdig, obwohl Huntingtons Buch gewiß manches vereinfacht darstellt und seine Kenntnis des Islams begrenzt ist. Es ist jedoch fatal, einem Wissenschaftler, dessen Aufgabe es nun einmal ist, Verbindendes und Trennendes bei seinem Gegenstand kritisch herauszuarbeiten, a priori die Schaffung eines Feindbildes zu unterstellen. Der französische Orientalist Maxime Rodinson, der gewiß kein Feind des Islams ist, hat einmal bemerkt, es werde immer mehr Mode, den Islam lieben zu müssen, nachdem ihn die westliche Orientforschung und der Kolonialismus zuvor so schlecht behandelt hätten.

Doch zunächst zu dem Begriff „Feindbild". Ich glaube nicht, daß in Deutschland ein entwickeltes Feindbild Islam überhaupt existiert. Die westlichen Demokratien sind heute von liberalem Geist geprägt, auf dem Wege zu einer mehr oder weniger multikulturellen, „postmodernen“ Gesellschaft, wie der französische Philosoph Lyotard es genannt hat; sie brauchen kein Feindbild, sind vielmehr ganz auf Konsens und auf die Vermeidung von Streit aus. Man spricht ja deshalb auch von der Konsensgesellschaft. Religiös-dogmatische Streitereien sind längst die Angelegenheit einer kleinen Minderheit geworden, die als überflüssige Sektierer und Störenfriede empfunden werden.

Im Konflikt auf dem Balkan zum Beispiel konnte man beobachten, daß die deutsche Öffentlichkeit keineswegs mit den serbischen Christen sympathisierte, worauf diese in ihrer Propaganda sehr wohl gesetzt hatten, sondern eher mit den Muslimen. Die Religion der jeweiligen Kriegsparteien war der Öffentlichkeit in den meisten Fällen schlichtweg gleichgültig. Es mag sein, daß es hier und da einige Fabrikanten von Feindbildern gibt. Doch ihr Einfluß wird wohl überschätzt.

Durchaus feststellen läßt sich hingegen eine erklärliche, häufig diffuse Angst der europäischen Bevölkerungen vor einer Wiederkehr von Verhältnissen, die die europäische Kultur seit der Aufklärung überwunden hat: der fatalen und explosiven Verbindung von Politik und heiligen Schriften, wie sie – wer wollte das leugnen – im Islam gegenwärtig zu beobachten ist.

Man hat zuweilen den Eindruck, daß der unklare, aber moralisch diffamierende Begriff „Feindbild“ von manchen, oft sogar wohlmeinenden Menschen gegen alle Bemühungen ins Feld geführt wird, den Islam angesichts der realen Verhältnisse in Politik und Gesellschaft auch einmal kritisch zu beleuchten, ihn einer generellen Sichtung zu unterziehen. Sie wollen nicht, daß man eine fremde Religion „schlecht macht“, daß man sich eurozentrisch aufspielt, was im Grunde ja richtig und lobenswert ist, aber an und für sich schon ein Gebot der guten Erziehung sein müßte. In unserer Gesellschaft ist es freilich auch erlaubt, jede Religion zurückzuweisen. Das gehört zur Gedankenfreiheit, wie sie die pluralistische Demokratie zu sichern hat. Der englische Philosoph Bertrand Russell, dessen Ansichten darüber ich nicht teile, schrieb zum Beispiel ein äußerst kritisches Werk mit dem Titel „Warum ich kein Christ bin".

Ist er deswegen ein Feind des Christentums? Hat er ein „Feindbild Christentum" erzeugt?

Dies hätte er doch wohl nur, wenn er, anstatt zu argumentieren, gegen das Christentum gehetzt oder gar zum bewaffneten Kampf gegen die Christen angestiftet hätte. So ist er aber nur ein philosophischer Kritiker oder allenfalls ein Gegner des Christentums gewesen.

Oder schuf Albert Camus, der große existentialistische Autor, ein „Feindbild Religion", als er jeden positiven religiösen Glauben, wie er meinte, als vergebliches menschliches Hoffen auf eine illusionäre Transzendenz entlarven zu müssen glaubte?

Es mag ja für die Bekenner des jeweils kritisierten Bekenntnisses, ob Christen oder Muslime, schwierig, ja sogar schmerzhaft sein, ihren Glauben auf diese Weise einmal attackiert zu sehen; doch in der freien Gesellschaft ist das legitim. Sie sind dann gehalten, ihrerseits durch bessere Argumente und vor allem durch ihr Vorbild im Alltag die Kritik zu widerlegen, nicht aber den Kritiker durch Einführung einer letztlich moralischen Kategorie („Schöpfer eines Feindbildes") menschlich herabzuwürdigen.

Außerdem muß man fragen, ob es jemals eine richtige Methode gewesen ist, mögliche Konflikte zu verschweigen mit dem gut gemeinten Ziel, sie dadurch zu verhindern. Konflikte, das lehrt das Studium der Wirklichkeit, brechen aus, auch ohne daß man Bücher über sie schreibt. Das Argument von der „self-fulfilling prophecy" erinnert ein wenig an das autoritäre Gebaren mancher Philosophen, die – wie etwa Platon — meinten, man dürfe bestimmte Wahrheiten dem Volk nicht sagen, weil das gefährlich wäre oder auf die falsche Weise verstanden werden könnte. Das gilt selbstverständlich auch für ein Phänomen, wie es die jüngste Entwicklung innerhalb des Islams darstellt. Wenn es dort bedrohliche Entwicklungen und Konstellationen gibt, dann darf man sie auf keinen Fall verschweigen. Zu meiden ist allenfalls eine Dramatisierung, die der Sache nicht gerecht wird.

Huntington ist jedoch kein Islam-Forscher, kein Orientalist. Er beherrscht keine orientalische Sprache und ist deshalb auf Informationen durch Sekundärliteratur angewiesen. Das ist ohne Zweifel eine der großen Schwächen dieses Buches. Im übrigen beschäftigt ihn auch nicht die unergründlich scheinende Frage, was der Islam im Kern sei. Er interessiert sich primär für das politische und gesellschaftliche Erscheinungsbild des Islams, wie es uns heute vor Augen tritt. Es gab in der Vergangenheit viele Spielarten des Islams; es gibt sie heute und es wird sie weiterhin geben. Für einen Forscher wie Huntington ist offenkundig das heute hervortretende Erscheinungsbild entscheidend. Angesichts der teilweise alarmierenden Aktivitäten der Islamisten in fast allen Ländern der islamischen Hemisphäre, angesichts der vielen Millionen Exilanten, die in westlichen Ländern Zuflucht suchten und noch suchen, fragt er, was dort los sei. Das heißt: Er fragt, als Politologe, nach den objektiven Bedingungen der Möglichkeit dieser Zustände, die ihn beunruhigen.

Die zweite Kernthese Huntingtons lautet: Alle geistigen Errungenschaften der Moderne sind in anderen Kulturen auch schon einmal gedacht worden; doch nur im Westen konnten sie verstetigt und in einer Weise institutionalisiert werden, die für seine Kultur bestimmend gewesen ist und nicht mehr rückgängig gemacht werden kann. Diese Errungenschaften sind heute durch außerwestliche Kulturen wieder bedroht (besser wäre vielleicht: in Frage gestellt), in denen das nicht der Fall ist, die ihr politisches Leben, den Arbeitsmarkt oder ihr Rechtswesen von alters her anders organisieren. Wo dies westlichen Auffassungen widerstreitet, muß nach Huntington widersprochen werden, darf es keine als Liberalität getarnte Aufweichung von Prinzipien geben, an deren übergreifende Gültigkeit der Westen nun einmal glaubt: Gleichheit aller Bürger vor dem Gesetz, Demonstrationsrecht gegen den Staat, Unabhängigkeit der Justiz, Recht auf Unversehrtheit der Person, Schutz des Individuums, wirklicher Pluralismus der Meinungen in Politik und Öffentlichkeit, Presse- und Versammlungsfreiheit und – last but not least – friedlicher Regierungswechsel durch Wahlen.

Daß vor allem der Islam, hier verstanden als konkrete Kultur (Zivilisation), nicht als Glaubenssystem, schwere Defizite auf diesen Gebieten aufzuweisen hat, liegt nicht daran, daß die Muslime als Menschen zu anderen, besseren Verhaltensweisen unfähig wären (dies zu behaupten wäre wirklicher Rassismus), sondern an der Befindlichkeit, dem gegenwärtigen Zustand ihrer Kultur, die gewisse Voraussetzungen für eine Veränderung nur in Ansätzen oder gar nicht geschaffen hat. Wenn ich Huntington richtig interpretiere, so meint er eben, daß die noch immer starke Fixierung der Muslime auf ein sakrales Weltbild, das ihre Kultur kennzeichnet, zu jenen Schwierigkeiten führt, die sie mit dem Westen haben und die, umgekehrt, der Westen auch mit ihnen hat.

Theozentrisch fundierte Gesetzesreligion gegen einen säkularen, sich immer stärker verweltlichenden Individualismus – so heißt die „Front“, an der sich die Geister scheiden — mit allen Zwischentönen, die es natürlich auch gibt. Wer heute verfolgt, wie sich etwa das praktisch unabhängige Tschetschenien wieder in die islamische Umma einfügt, als sei zweihundert Jahre lang nichts gewesen, oder wie geistliche und weltliche Würdenträger des Islams, etwa der malaysische Ministerpräsident Mahathir, den Westen kritisieren, wird Huntingstons Thesen vom Zusammenprall der Kulturen vielleicht als zugespitzt empfinden, jedoch nicht als gänzlich falsch abtun.

Aber ist es überhaupt zulässig, der Religion eine so große Bedeutung beizumessen, wie Huntington das tut? Sind es denn nicht primär andere, vor allem ökonomische Faktoren, welche die politischen Interaktionen des „global village“ heute stimulieren und inhaltlich festlegen?

Es gehört nach meinem Dafürhalten gerade zu den Errungenschaften dieses Buches, daß es die immense Prägekraft von Religion und Metaphysik auf die Geschichte wiederentdeckt hat. Unter dem Einfluß entweder des Marxismus oder eines in alle Bereiche vordringenden Positivismus hat man die konstitutive Bedeutung der Religion für die Herausbildung autochthoner Kulturen im Westen übersehen und jahrzehntelang sträflich vernachlässigt. Das Resultat waren eklatante Fehleinschätzungen gerade in der Politik. Die sogenannte islamische Revolution in Iran wurde im Grunde genommen noch nicht einmal ganz ernst genommen, als Ajatollah Chomeini den Schah schon vertrieben hatte. Dieser Spuk werde bald vorüber sein, dachten damals viele, unter anderem auch die Angehörigen der iranischen Linken. Der Westen wiegte sich lange in der Illusion, dem Schah sei es gelungen, durch eine massive, wenn auch äußerliche Modernisierung den religiösen Kräften letztlich doch den Boden zu entziehen. Die Auffassung der iranischen Linken war davon nicht so weit entfernt, wie sie glaubte. Modernisierung ohne Schah – das schien ihr Rezept zu sein. Doch es schlug fehl, bevor es praktiziert werden konnte.

Die Betrachtung der Kultur aus dem einseitigen Blickwinkel des marxistischen Basis-Überbau-Schemas, in dem Kultur nur als eine Art Reflex des Materiellen erscheint, hat sich als falsch erwiesen und wurde zur

Quelle zahlloser Fehleinschätzungen in der internationalen Politik. Gerade auf die islamische Kultur mit ihrem großen Beharrungswillen paßt es gar nicht.

Kulturen sind neben sozio-ökonomischen auch kulturelle und sozio-kulturelle Systeme. So wie die ökonomische Struktur und Basis den Rahmen abgibt für die schöpferische Betätigung des Geistes, so schlägt der Geist seinerseits zurück auf die Struktur („feed back“) der Gesellschaft. Gerade die klassische islamische Kultur (Zivilisation) hat in ihrer Ganzheit und Geschlossenheit solche Thesen immer sehr gut illustriert. Diese Ganzheit, die geistige und soziale Geborgenheit vermittele, wird ja auch und gerade von den heutigen Islamisten ins Feld geführt, wenn sie sich von der westlichen Moderne und ihrer vorgeblichen oder tatsächlichen gesellschaftlichen „Zerrissenheit“ abgrenzen wollen. Die Religionen als archaische Phänomene können in ihrer Bedeutung für die Herausbildung menschlicher Kultur und Gesittung (freilich auch vieler ihrer Unsitten und Verbrechen) nicht hoch genug eingeschätzt werden.

Man kann nun, bei grundsätzlicher Zustimmung zu vielen Behauptungen Huntingtons, doch fragen, ob seine Einteilung in sieben große Kulturen wirklich stimmig ist. Warum, zum Beispiel, sieht er eine eigenständige lateinamerikanische Kultur vor? Ist sie nicht, kolonisiert durch das katholische Spanien und Portugal, ein Ableger der westlichen, wenn auch mit indianischen und anderen Elementen versetzt? Oder wie steht es mit der orthodoxen Kultur, die Huntington ebenfalls als eigenständige, von der westlichen abgegrenzte Zivilisation sieht? Gehört sie denn nicht einfach zum Christentum? Die Muslime haben zunächst die christliche Orthodoxie (Byzanz) als Nachbarn, Rivalen und Gegner kennengelernt. Das Bild, welches sie vom Christentum haben, wird möglicherweise bis heute weitaus stärker von der Orthodoxie als von Katholizismus oder Protestantismus bestimmt. So berechtigt auch die Frage sein mag, wie europäisch oder westlich Rußland ist – muß man deswegen die Orthodoxie zu einer eigenständigen Zivilisation erklären?

Ein anderer Punkt, der kritisch gegenüber Huntingtons Entwurf anzumerken wäre, ist sein allzu pauschales, eindimensionles Verständnis des Islams. Neben den Muslimen, mit denen ein Dialog über die Grundlagen der Moderne schwierig, wenn nicht unmöglich ist, gibt es solche, die geradezu darauf brennen. Um nicht mißverstanden zu werden – die islamische Kultur insgesamt, da hat Huntington durchaus recht, verfügt wohl noch nicht über die geistesgeschichtlichen Voraussetzungen, die zur Schaffung eines beständigen demokratischen Systems notwendig wären. Doch bleiben dem Politologen, der eben kein Islamkundler ist, das spirituelle Antlitz des Islams, seine innere Vielfältigkeit wie äußere Vielfalt und auch seine geistige Potenz und seine enorme Anpassungsfähigkeit verborgen. Es ist schon richtig, daß angesichts einer zunehmenden Migration in die reichen Industrieländer eine gewisse Vorsicht insbesondere gegen islamistische Bestrebungen geboten bleibt; doch dies rechtfertigt noch nicht, von einem generellen, möglicherweise gar feindseligen Zusammenstoß zu sprechen. Eine besondere Aggressivität des Islams, wie sie Huntington aufgrund des Gebarens der Islamisten wahrzunehmen glaubt, ist in der Geschichtsbetrachtung nicht festzustellen. Verglichen mit dem Christentum war der Islam lange Zeit toleranter gegenüber seinen Minderheiten, und im Zeitalter des Kolonialismus hat gerade der Westen eine oft blutige Spur im islamischen Orient hinterlassen.

Überhaupt ist es merkwürdig, daß ausgerechnet die westliche Zivilisation, von der in diesem Jahrhundert zwei Weltkriege mit insgesamt 65 Millionen Toten ausgingen, die Konzentrationslager-Terror und Gulags aller Art erzeugte, heute andere Zivilisationen gerne einer übermäßigen Aggressivität zeiht. Diese Aggressivität besteht dort, wo religiöse Exklusivansprüche, ein Wahrheitsmonopol, mit der Waffe durchgesetzt werden sollen. Dies ist freilich überall so, wo Religion kritisch unbefragt bleibt. Im Islam mag diese Erscheinung heute nur verbreiteter sein als in einer skeptischer gewordenen westlichen Welt, die zudem das Problem der Existenzsicherung für die Massen gelöst hat.

Das Erscheinungsbild der islamischen Migranten im Westen ist nicht einheitlich. Dies gilt auch für die islamische Staatenwelt insgesamt, wo sich die Erfolge der Islamisten, etwa in Iran, als nicht besonders attraktiv herauszustellen beginnen. Dort wirkt der Islamismus auf viele, die ihm einmal anhingen, längst abschreckend; und in der sunnitischen Hemisphäre war der Einfluß der schiitischen Revolution Irans ohnehin immer begrenzt, schon wegen der konfessionellen Gegensätze und Rivalitäten zwischen Sunniten und Schiiten in der Vergangenheit.

Freilich müssen sich die Gegner Huntingtons vorhalten lassen, daß sie sich – um eines fälschlicherweise so genannten „lieben Friedens" willen – zuweilen weigern, gewisse Realitäten zu sehen. Es ist nicht Rassismus, wenn man grundlegende Unterschiede zwischen den Kulturen feststellt. Wozu studiert man sie sonst? Es gibt sie schon, die von Huntington festgestellten „Bruchlinien der Kulturen" („frontlines"), an denen der Zivilisations-Konflikt virulent wird. Der Balkan war dies ebenso wie es der Kaukasus noch ist, und auch auf dem Balkan ist noch nicht aller Tage Abend. Es gibt dort ein großes Konfliktpotential, das unter anderem auch in der nicht zu leugnenden Tatsache gründet, daß man jeweils unterschiedlichen Religionen und Kulturen angehört, daß zum Beispiel die Geschichte des Osmanischen Reiches auf vielfältige Weise nachwirkt. Zum Verständnis der jüngsten Krise im Kosovo, auf dem Amselfeld: Il faut étudier l'Empire Ottomane!

Natürlich hatte der Kampf zwischen Russen und

Tschetschenen alle Züge auch eines Krieges der beiden Religionen und damit unterschiedlicher Zivilisationen. Die Tschetschenen wollen nicht nur ihre politische Unabhängkeit, sondern auch ihre Zugehörigkeit zur islamischen Umma, der allumfassenden Gemeinde der Muslime, erringen und machen daraus auch gar kein Hehl. Warum sollten sie das auch? Es ist ihr gutes Recht. Nach ihrem militärischen Teilerfolg gegen die russische Armee wandelten sie ihr Land in eine Republik um, in der selbstverständlich das islamische Recht, die Scharia, Gültigkeit bekam; nicht, weil sie besondere Fanatiker wären, sondern weil sie damit ihre religiös-zivilisatorische Identität und ihre Zugehörigkeit zum Islam zum Ausdruck bringen konnten.

Huntingtons Buch ist eine in vielem anregende und kenntnisreiche Lektüre, in der Unterschiede zwischen den Kulturen, vor allem zwischen dem Islam und dem Westen, deutlich – wenn auch manchmal zu wenig empirisch und zu einseitig – herausgearbeitet werden. Der Westen wird ermahnt, neben der Toleranz auch eine gewisse Wachsamkeit gegenüber Erscheinungen des politisierten Islams zu schärfen, die mit dem Kern seiner eigenen, heute primär weltlichen Kultur nicht zu vereinbaren sind. Die Muslime können, wenn sie nur ein wenig kritisch gegenüber sich selber sind, manches in diesem Buch entdecken, worüber nachzudenken sich für sie lohnt. Das Wort „Krieg“ im Zusammenhang mit dem „Zusammenprall der Zivilisationen“ sollte man freilich nicht zum Nennwert nehmen und am besten sofort vergessen.

Forschungen über den Islamismus zeigen, daß wir es hier eben nicht mit dem Islam als einer Weltreligion zu tun haben, in der vieles möglich war und ist, sondern mit einer politisierten, ideologisierten Form dieser Religion. Ideologie meint hier, daß die Religion als Waffe in einem Kampf benutzt wird, der nur die eigene Version des Islams, exklusiv interpretiert, gelten läßt und alle anderen ausgrenzt. Es ist bezeichnend, daß die meisten Theoretiker des Islamismus gar keine Schriftgelehrten (ulama) sind, sondern Laien. Ajatollah Chomeini in Iran ist da eher eine Ausnahme gewesen. Der Begründer der Muslim-Bruderschaft in Ägypten zum Beispiel, Hassan al-Banna, war Lehrer. Necmettin Erbakan in der Türkei ist Maschinenbau-Ingenieur. Abbasi Madani in Algerien ist Soziologe. Soziologe war auch Ali Schariati, dessen Vorlesungen in Teheran vor der Revolution eine interessante Mischung aus Islam und westlicher Wissenschaft darstellten.

Die Islamisten stützen sich zwar auf den traditionellen Islam, eine insgesamt stark gesellschaftlich orientierte Religion, schaffen aber ganz neue Begriffe, die zeigen, daß es sich um ein Phänomen handelt, das etwas anderes ist als der traditionelle Islam selbst. Diese Begrifflichkeit ist auch nicht frei von jenen westlichen Einflüssen, die man gerade bekämpfen möchte. In Iran wird diese Neuartigkeit schon daraus ersichtlich, daß es in der gesamten islamischen Geschichte dieses Landes niemals eine „Herrschaft des Religionsgelehrten" (Wali-ye faghih) gegeben hat, wie das heute der Fall ist. Die persischen Religionsgelehrten fügten sich meistens dem Herrscher und der Dynastie, fungierten so eher als deren Werkzeuge. Oder sie hielten sich ganz im Hintergrund. Von einer „islamischen Revolution" oder „islamischen Republik" ist in den traditionellen Schriften nirgendwo die Rede.

Der Islamismus kann als Reaktion auf eine unbewältigte und in gewisser Weise von außen in den Nahen Osten eingedrungene Moderne angesehen werden. Sie begann mit Napoleons Invasion in Ägypten. Von der westlichen Moderne durchgesetzt haben sich aber nur deren technische Errungenschaften: Straßen, Hochhäuser, Autos, Flugzeuge, Computer, auch das moderne Militärwesen. Der Versuch hingegen, effektive westliche und weltliche Modelle des Regierens einzuführen, ist um so mehr gescheitert, als dies – wenn überhaupt – nur halbherzig geschah und den Massen nach wie vor jede wirkliche politische Mitsprache, wie sie im Westen durch Parteien und Verbände, freie Wahlen und Streiks und durch das Prinzip der Gewaltenteilung möglich ist, verweigert wird.

So ist eine halbe Moderne entstanden, bei der es nach Auffassung der Islamisten auch bleiben soll. Westliche Technik ja, säkulares offenes Denken nein. Die Zukunft muß zeigen, ob eine solche zivilisatorische Taktik das leisten kann, was sich ihre muslimischen Ideologen von ihr versprechen.

Es ist interessant zu sehen, daß hier gewisse Übereinstimmungen zu amerikanischen Fundamentalisten bestehen, ohne daß ich diese Phänomene in allem auf die gleiche Stufe stellen möchte. Auch die amerikanischen Evangelikalen bedienen sich, wie Gilles Kepel („Die Rache Gottes") hervorhebt, auf fast perfekte Weise der modernen Technik, um gegen die philosophischen Denkansätze der westlichen Moderne, gegen Rationalismus und Anthropozentrik, zu wettern. Ihre Weltanschauung soll zu hundert Prozent theozentrisch bleiben. Der Sündenfall war nach ihrer Auffassung die Trennung von Wissen und Glauben, wie sie in Europa mit dem Nominalismus eines Wilhelm von Ockham im 14. Jahrhundert begann und über Descartes, Spinoza und andere in die Philosophie der Aufklärung übergeführt wurde. Interessant ist in diesem Zusammenhang zu hören, daß der bekannte ägyptische Islamist Hassan Hanafi in einer Begegnung mit dem deutschen Philosophen Jürgen Habermas im März 1998 die Auffassung vertrat, die islamische Zivilisation befinde sich gerade im Übergang von 14. zum 15. Jahrhundert.

Die spektakulärste Auswirkung des Islamismus auf den Nahen Osten ist der auch mit terroristischen Mitteln geführte Kampf zwischen den Islamisten und der bestehenden Ordnung, wie er gegenwärtig in Algerien am blutigsten geführt wird. Wenn der Islamismus eine *wirkliche*

Bedrohung ist, dann mehr für die Region und deren Regime selbst als für den Westen, der freilich indirekt von diesen Kämpfen betroffen ist. Die aktuellen Regime wenden unterschiedliche Methoden an, um dieser Herausforderung zu begegnen. Neben härtester Repression, wie im Irak, in Algerien oder Tunesien, steht eine Taktik von Zuckerbrot und Peitsche oder gar ein Gewährenlassen, wenn nicht Fördern, wie man es in Ägypten oder in der Türkei lange getan hat, um andere Oppositionelle niederzuhalten, zum Beispiel die Linke. Offenbar weiß niemand genau, was die richtige Methode ist, denn die Repression, die im Syrien der achtziger Jahre Erfolg hatte, scheint in Algerien die Flamme der Gewalt nur weiter anzufachen. Deutlich ist, daß kaum ein Regime existieren kann, ohne den Islamisten gewisse Zugeständnisse zu machen, zum Beispiel im Hinblick auf die Bestimmungen der Scharia. Doch auch die islamische Rhetorik ist unter den Politikern im Anwachsen begriffen. Sogar der saudische König, auf das engste mit den Amerikanern liiert, übt zuweilen Kritik an seiner Schutzmacht, um die Islamisten im eigenen Lande in Schach zu halten.

Nach Auffassung der Islamisten betreiben die Politiker ihrer Länder keine dem Islam dienende Politik, sondern sind gegenüber dem Westen willfährig, vor allem gegenüber Amerika. Der Westen aber wird in Analogie zu den Kreuzzügen gesehen. In letzter Konsequenz werden auch die Vereinten Nationen unter den „Westen" gerechnet, weil deren universell gültige Prinzipien, wie die Menschenrechte, der westlichen Moderne entnommen sind.

Manchmal gewinnt man aus den Schriften der Islamisten den Eindruck, als beginne die Geschichte zwischen Orient und Okzident erst mit dem Jahre 1096, das heißt mit dem Aufruf Papst Urbans II. zum Ersten Kreuzzug. Seither sei der Orient ständig das Objekt einer alles beherrschen wollenden westlichen Begierde gewesen. Die Eroberung der vormals christlichen Länder Vorderasiens und Nordafrikas durch die Muslime, wie sie unmittelbar nach dem Tod des Propheten Muhammad stattfand, gilt hingegen als selbstverständlich. Nur eine Politik nun, welche die Machenschaften und Verschwörungen des modernen westlichen „Kreuzzüglertums" verhindert, kann als islamisch bezeichnet werden.

Als besonders neuralgischer Punkt in dieser hochideologisierten Auseinandersetzung fungiert Israel, beziehungsweise der nahöstliche Friedensprozeß, wie er seit der Konferenz von Madrid 1991 angelegt worden ist. Die Feindseligkeit gegenüber den Juden und Israel, wie sie vor allem bei islamistischen Gruppen zum Ausdruck kommt, gründet nicht in einem autochthonen Antisemitismus, der unter den semitischen Arabern auch merkwürdig wäre, sondern ist in gewisser Weise aus dem Westen importiert, wie der britische, in Amerika lehrende Orientalist Bernard Lewis hervorgehoben hat. Israel ist nach der Interpretation der Islamisten ein Produkt des modernen „Kreuzzüglertums" und muß schon deshalb abgelehnt werden. Die Analogie zum Zeitalter der Kreuzzüge wird auch auf die Herrschaft über die heiligen Stätten des Islams in Jerusalem und in Palästina ausgedehnt. Gerade diese Analogie kann in ihrer politischen Wirkung auch auf Muslime, die nicht islamistisch gesinnt sind, kaum überschätzt werden.

Hier zeigt sich eine der wichtigsten Auswirkungen des Islamismus auf die Politik überhaupt. Durch den Bezug auf Metaphysisches werden viele Probleme nicht mehr pragmatisch lösbar, sondern Grundsatz steht gegen Grundsatz. Der ohnehin schon schwer beeinträchtigte Friedensprozeß zwischen Israel, den Palästinensern und den arabischen Nachbarn beider erhält durch das immer stärker werdende Element des Religiösen eine Dimension der Unlösbarkeit, die den Kompromiß unmöglich macht. Der auch in Israel auftretende jüdische Fundamentalismus – ein Phänomen, das den Staatsgründern, etwa

Ben Gurion, völlig fremd war – trägt dazu ebenso bei wie der Islamismus der Hamas und anderer, ähnlich ideologisierter Gruppen.

Zu den betrüblichsten Auswirkungen des Islamismus gehört, daß die ohnehin schwach entwickelten demokratischen und pluralistischen Strukturen im gesamten Nahen Osten vorläufig wenig Aussicht auf eine kräftige Weiterentwicklung haben. Nur in der Türkei kann man von einer Demokratie sprechen, die diesen Namen einigermaßen verdient, und das auch nur mit Einschränkungen, wie die Klagen über endemisch auftretende Menschenrechtsverletzungen wie Folter immer wieder deutlich machen. Ansonsten herrschen Staatsparteien, Stämme, Cliquen oder Monarchen und Präsidenten aus eigener Machtvollkommenheit, verschleiert durch eine Legitimation, die meistens keine ist.

Im Geflecht der internationalen Politik hat es den Anschein, als werde sich der Islam unter dem Einfluß des Islamismus zumindst für einige Zeit von der „einen Welt" verabschieden, an welche die Vereinten Nationen qua Statut glauben müssen. Das „global village" ist nur insoweit gegeben, als sich die modernen Techniken, besonders die der Kommunikation weiter vereinheitlichend über den Erdball ausbreiten werden. Es sieht jedoch so aus, als schwinde die Gemeinsamkeit der Werte und Grundüberzeugungen, an die man theoretisch eine Zeitlang geglaubt hatte. Begriffe wie Freiheit, Demokratie, Menschenrechte, Gerechtigkeit, ja sogar Wissenschaft scheinen zwischen den Zivilisationen zunehmend andere, voneinander abweichende Bedeutungen zu erhalten.

Andererseits sind die Islamisten so mächtig auch wieder nicht, wie es manchmal aussehen mag. Unter sich sind sie trotz einer gemeinsamen Ideologie heillos zerstritten. Ihr Potential ist vornehmlich das der Verhinderung und des Störens. Wo sie Macht und Einfluß haben, zeigt sich bald, daß ihre Erfolge dürftig bleiben.

Man denke nur an Iran, wo sich die ökonomischen Verhältnisse der Bevölkerung seit der Revolution keineswegs gebessert haben, von politischen Freiheiten ganz zu schweigen. Es gibt auch Muslime, die für freiheitliche Reformen eintreten, mit denen sich der Dialog jederzeit lohnt. Sie sind allerdings gegenwärtig in der Defensive oder leben gezwungenermaßen im Ausland. Ihr Denken wird wohl erst Früchte tragen, wenn der Furor des Islamismus überwunden sein wird. Im letzten Kapitel werde ich zeigen, daß der Westen durch eine Korrektur seiner in vieler Hinsicht falschen Politik im Nahen Osten viel dazu beitragen kann, die demokratischen Kräfte in der islamischen Welt zu ermutigen.

Die Scharia

Islamisches Recht zwischen Dogmatismus und Pragmatismus

„Eine der wichtigsten Hinterlassenschaften des Islams an die zivilisierte Welt ist sein religiöses Recht."

JOSEPH SCHACHT

Eine berühmte Überlieferung des Propheten Muhammad lautet: „Der Islam wurde auf fünf Elementen erbaut, dem Glaubensbekenntnis, dem Gemeinschaftsgebet, der Armensteuer, der Wallfahrt (nach Mekka und al-Medina) und dem Fasten im Monat Ramadan." Diese fünf Elemente sind die sogenannten Pfeiler des Islam, machen seinen Kern aus und bilden im Grunde schon den wichtigsten Teil seiner Pflichtenlehre. Diese fünf Gebote muß jeder Muslim erfüllen; sie einen aber auch die Umma, die Gemeinde aller Muslime, die gegenwärtig etwa 1,2 Milliarden Menschen umfaßt, in einem Glauben, mag deren praktizierter Islam sonst so verschieden sein wie nur möglich.

Legte man diese fünf Pfeiler des Islam zugrunde, so verstünde kein Mensch, warum heutzutage der Islam zu einem so brisanten Thema geworden ist, und zwar durchaus auch im Kontext der internationalen Politik, wo von einem „Zusammenprall der Kulturen" (Huntingtons „clash of civilizations") die Rede ist. Es verstünde auch kein Mensch, warum Millionen von muslimischen Migranten in den westlichen Ländern bei den zuständigen Staatsschutzbehören für eine gewisse Verstörung sorgen, denn weder der Glaube an einen Gott, noch das Geben von Almosen, weder das gemeinschaftliche Beten noch die Wallfahrt oder das Fasten am Tage während des Ramadan verstoßen eklatant gegen unsere Sitten, schon ganz und gar nicht stoßen sie sich mit dem Grundgesetz.

Warum also die Aufregung?

Grund für diese Irritationen und Ängste ist die Existenz der Scharia, von der man in Europa und Amerika spätestens seit der Machtübernahme der Anhänger des Ajatollah Chomeini in Iran immer häufiger liest und hört, meistens nichts Gutes, oft auch Falsches oder zumindest Schiefes. Denn es ist nicht leicht, eine so altehrwürdige Erscheinung, wie es das islamische Rechtssystem nun einmal ist, in wenigen Worten oder griffigen Schlagzeilen, wie die Weltpresse sie bietet, darzustellen. Die Presse berichtet, wenn sie sich der Scharia widmet, immer nur von Fällen der islamischen Strafjustiz, so daß bei vielen Europäern und Amerikanern der Eindruck entstanden sein mag, die Scharia bestehe aus Vorschriften über das Auspeitschen, Steinigen, Enthaupten und Händeabhakken, ja, sie sei damit geradezu identisch. So ist ein Horrorbild des Islams entstanden, gegen das sich die Muslime zu Recht wehren. Ebenso richtig ist allerdings auch, daß es unter den westlichen Islamforschern nur eine verschwindend kleine Anzahl von Spezialisten für das islamische Recht gibt. Es ist eben befriedigender und weniger trocken, sich mit der Geschichte, der Theologie, der Mystik oder der Dichtung der islamischen Völker zu beschäftigen, als mit den scholastischen und oft kasuistisch anmutenden Distinktionen des islamischen Rechts.

Allgemein ausgedrückt läßt sich sagen, daß der Islam, so wie er historisch geworden ist, nach Auffassung der meisten Religionswissenschaftler geradezu den Prototyp einer Gesetzesreligion darstellt. Er hat in dieser Hinsicht durchaus Ähnlichkeit mit dem Judentum, dessen heilige Schrift, die Thora, ihre Ergänzung durch das Korpus des Talmud („Der Lehre“) und durch die Halacha, das religiöse Gesetz, findet. Als Analogie dazu können wir im Islam neben dem Koran, der alles begründenden heiligen Schrift und Offenbarung des Islams, das Korpus des Hadith ansehen, das heißt der dem Propheten zugeschriebenen gesammelten Überlieferungen. Und eben die Scharia. Noch heute ist es so, daß wir an der Haltung gegenüber dem Gesetz sowohl den liberalen Juden als auch den liberalen Muslim erkennen können, aber auch den Konservativen und den Fundamentalisten. Vor allem das Wiedererwachen des Scharia-Islams ist es, das heute als sogenannter „Fundamentalismus“ oder Islamismus – in Nordafrika Integrismus genannt – die Öffentlichkeit beunruhigt.

Dabei ist es mehr als fraglich, ob die Scharia, so wie wir sie heute kennen, überhaupt zu den Fundamenten des Islams gehört. Dies trifft sicher zu, wenn wir den Islam als eine geschichtlich gewordene und gewachsene Religion und Kultur betrachten und auch, wie es Ernest Gellner beinahe klassisch formuliert hat, als eine „Lebensform“. Unter diesem Aspekt kann auch der bekannteste westliche Erforscher des islamischen Rechts, Joseph Schacht, davon sprechen, die Scharia mache geradezu „das innere Wesen des Islams“ aus. Sie konstituiert nicht nur Recht in unserem Sinne, sondern eine ganze Lebensauffassung, die auch für die Muslime wichtige Lebensregeln für den Alltag enthält.

Für laizistisch gesinnte Puristen könnte sich hingegen mit ebensolchem Recht der Eindruck ergeben, auf die Scharia könne jederzeit verzichtet werden, der Islam, die „freiwillige Hingabe an Gott“, bleibe davon als religiöse Einstellung und Ethik ganz unberührt. In der Türkei hat der Reformer Mustafa Kemal Atatürk diesen Schritt vollzogen, indem er die Scharia und alles, was mit ihr zu tun hatte, die Scharia-Gerichtshöfe und auch die Schulen, einfach abschaffte und nur den religiösen Kern des Glaubens, die Glaubensüberzeugung, den Gebetsritus und die

Ethik erhalten wissen wollte. Interessant ist in diesem Zusammenhang, daß der durchaus als Vorkämpfer des Islams bekannte libysche Staatschef Gaddafi die Scharia in seinem Land weitgehend zurückdrängt und einzig auf den Koran als Fundament des Islams rekurriert. Das hat seinen Grund.

Überspitzt kann man nämlich formulieren: Muhammad, der Verkünder des Islams, kannte noch gar keine Scharia. Im Koran, der auch erst etliche Jahre nach dem Tod des Propheten unter der Aufsicht des dritten Kalifen Uthman Ibn Affan zusammengestellt und redigiert wurde, kommt das arabische Wort „schari'a" nur wenige Male vor, und zwar in je unterschiedlichen sprachlichen Varianten. Die arabische Grundbedeutung des Wortes ist dem Nomadenwesen abgeschaut. Danach heißt „schari'a" zunächst nichts anderes als „Weg zur Tränke, zur Wasserstelle". Es ist der Pfad, den die Tiere in der Wüste zurücklegen müssen, um an eine Wasserstelle zu gelangen – ein schönes Bild immerhin für ein Recht, das den Menschen, wie die Muslime glauben, den rechten Weg zum glücklichen Leben im Diesseits und zum Heil im Jenseits weisen soll. Heute, im modernen Arabisch, werden die Ableitungen desselben Stammes auch für Begriffe wie „legal" oder „legitim" (maschru') verwendet. Das heißt: Von der religiösen Bedeutung hat sich eine säkulare losgelöst, wobei die religiöse doch immer ein wenig mitschwingt. Die heutigen Islamisten hingegen können sich ein anderes Gesetz als die religiöse Scharia, ein weltliches also, gar nicht wirklich vorstellen.

Die Scharia ist in den ersten zwei bis drei Jahrhunderten nach der Stiftung des Islams entstanden. Die Muslime hatten sich mit Waffengewalt in Windeseile über Nordafrika und den Vorderen Orient bis nach Indien und Mittelasien hinein verbreitet und fanden dort Gesellschaften vor, mit deren Erbe sie als neue Herrschaftsmacht zurechtkommen mußten. So entwickelten sie die

Scharia als Antwort auf die dadurch aufgeworfenen Fragen. Eigene arabische Rechtsvorstellungen und solche der eroberten Völker und Kulturen flossen auf diese Weise zusammen. Ebenso wichtig waren aber auch die Fragen, die sich der jungen Gemeinde nach dem Tod des Propheten im Jahre 632 nach Christus stellten. Jetzt war ja er, der Prophet, den man in einem Streitfall hätte befragen können, nicht mehr da. Was blieb da anderes übrig, als sich nach dem Koran und dem überlieferten Beispiel des Propheten, der sogenannten Sunna, zu richten.

Der Koran, obwohl eine heilige Schrift, enthält ja beileibe nicht nur Theologisches oder Metaphysisches, sondern auch Anweisungen, die das konkrete Leben der Gläubigen zu Lebzeiten Muhammads betrafen. Nicht nur in Mekka, seiner Geburtsstadt, sondern vor allem in al-Medina, wohin der Prophet im Jahre 622 ausgewandert war (dies ist die berühmte Hidschra oder „Flucht" Muhammads), betätigte er sich als „prophet and statesman", wie der britische Orientalist Montgomery-Watt ihn charakterisierte, das heißt als Religionsstifter, der gleichzeitig Gesetzgeber und damit auch Politiker war. So war es nur natürlich, daß die Ausleger auf entsprechende Koran-Suren zurückgriffen, um Recht zu setzen. Große Partien des Korans befassen sich mit alltäglichen Fragen der medinensischen Gemeinde, weshalb seine Lektüre für den unvorbereiteten Leser bis heute ziemlich unerquicklich ist. Man muß die damaligen Zustände und Voraussetzungen kennen, um den Sinn vieler Koranverse verstehen zu können.

Nach dem Tode des Propheten bildete sich ein Stand von Theologen heraus, die man als fuqaha' bezeichete, das heißt als Rechtsgelehrte, für die am treffendsten der Begriff „Sakraljuristen" angewendet werden kann. Dies zeigt die ganze Eigentümlichkeit der Sache, denn die fuqaha' sind, obwohl Rechtsgelehrte, eben auch Theologen. Ihr Gegenstand ist die Rechtswissenschaft (ilm al-fiqh), die gleichzeitig unter die Theologie rechnet. Dies ist wohl einer der wichtigsten neuralgischen Punkte jenes „Zusammenpralls der Kulturen“, denn außerhalb des Islams hat man heute vielerorts große Schwierigkeiten, dieses Ineinander von Theologie und Rechtswesen zu akzeptieren, oder, westlich gesprochen: Kirchenrecht und Profanrecht sind nicht getrennt, ja, im strengen Sinne ist die Vorstellung von einer Trennung in den Augen der Muslime sogar unsinnig.

Als zweite Quelle der Rechtssetzung neben dem Koran galt den Sakraljuristen bald nach dem Tod Muhammads, wie erwähnt, auch die sogenannte Sunna des Propheten, das heißt seine persönliche Praxis, die in Gedanken und Sprüchen, in Propheten-Überlieferungen (ahadith), niedergelegt war. Es entstanden umfangreiche Sammlungen mit solchen Überlieferungen, das Korpus des „Hadith“, von denen einige bis heute geradezu kanonische Autorität genießen, etwa die berühmte Hadith-Sammlung des mittelasiatischen Gelehrten al-Buchari. Die Muslime selbst interessierten sich natürlich auch für die Frage, ob es unter den Überlieferungen des Propheten echte und falsche gab, so daß eine Hadith-Wissenschaft (ilm al-hadith) geboren wurde, welche die Spreu vom Weizen schied. Maßgeblich war, unter anderem, die Kette der Überlieferer, der sogenannte „isnad“. Galt die Kette der Tradierer als geschlossen und vertrauenswürdig, so wurde das Hadith als echt oder „gesund“ eingestuft und akzeptiert, im anderen Falle verworfen.

Die Überlieferungen im Hadith haben im allgemeinen etwa folgende formale Gestalt: „Ich hörte den X sagen, der Y habe ihm gesagt, daß er seinerseits von Z gehört habe, daß der Prophet sagte ...“ oder einfach: „Von X, dann von Y, dann von Z, daß der Prophet sagte ...“

Dann folgt der jeweilige wörtliche Text (matn) der Überlieferung zu irgendeinem Thema, das die Muslime damals bewegte, zum Beispiel über den Selbstmord: „Wer sich selbst erdrosselt, wird sich in der Hölle weiter erdrosseln." Das heißt: Selbstmord ist nicht erlaubt. Oder, mehr politisch: „Hört auf euern Befehlshaber, und sei es ein abbessinischer Sklave, der einer vertrockneten Weintraube gleichsieht!" Auch hier ist der Sinn eindeutig.

Schon die frühen Muslime fanden, wie gesagt, heraus, daß manche Überlieferungen offenbar erfunden oder lanciert worden waren, um bestimmte politisch-religiöse Entwicklungen entweder abzulehnen oder zu sanktionieren; oder daß ihre Überlieferungskette, der isnad, so schwach war, daß man die Überlieferung nicht als authentisch ansehen konnte und sie damit verwerfen mußte. Freilich verfügten die Muslime damals noch nicht über die Methoden unserer modernen Textkritik, wie sie etwa den westlichen Islamwissenschaftlern wie Ignaz Goldziher (1850 – 1921) schon seit dem vorigen Jahrhundert zur Verfügung stehen. Die westliche Wissenschaft glaubt denn auch heute, daß viele Überlieferungen, die von den Muslimen noch immer für „gesund" (sahih) und damit authentisch gehalten werden, gefälscht sind.

Wie dem auch sei, auf der Grundlage von Koran und Hadith haben die Sakraljuristen die Scharia geschaffen, einen Gesetzes- und Verhaltenskodex, in dem religiöses Recht und weltliches Recht unterscheidungslos miteinander verknüpft sind, ja eigentlich gar nicht unterschieden werden können. Es ist ein Rechtssystem, das das Leben des Muslims im Grunde genommen „von der Geburt bis zum Tod" in ein Netz von Verhaltensweisen einfügt, das auf weite Strecken eben der oben nach Gellner zitierten „Lebensform Islam" entspricht. Das islamische Recht behandelt zahllose Fragen, die wir im Westen uneingeschränkt dem rein religiösen Bereich zuordnen würden, zum Beispiel alles, was mit den religiösen Riten zusammenhängt: kleine und große Waschung, gemeinschaftliches und privates Beten, Fasten im Ramadan, Vorschriften für die Pilgerfahrt, Speisevorschriften, Begräbniszeremonien, Verhalten in einem Trauerfall, Vorschriften zur rituellen Tierschlachtung, die Menstruation der Frau, die Art und die Bedeutung der Sünden und so weiter.

Was diese Bestimmungen angeht, so stoßen sie sich wohl am wenigsten mit westlichen Vorstellungen von Recht und Ordnung. Mit Ausnahme vielleicht der rituellen Schlachtung, die unseren heutigen Vorstellungen vom Tierschutz widerspricht, können diese Bestimmungen der Scharia wohl in keiner westlichen Gesellschaft großen Anstoß erregen. Mit etwas Toleranz kann da auch ein Weg gefunden werden, wie Muslime in westlichen Gesellschaften ihr religiöses, rituelles Leben entfalten können. Einer im weitesten Sinne religiösen Praxis der Muslime steht damit kein generelles Hindernis entgegen.

Schwieriger wird es mit dem Rest des islamischen Rechts, der Fragen behandelt, die außerhalb des Islams, vor allem natürlich im Westen, an rein weltlich begründete und konzipierte Rechtssysteme gekoppelt sind: Sozialgesetzgebung, Fragen des Wirtschaftsrechts, Steuerrecht, Familien- und Personenstandsrecht, die Behandlung der Minderheiten, Kriegsrecht und schließlich das Strafrecht. Neben der für heutige Begriffe ungewöhnlichen und ausschließlichen Berufung auf eine religiös-autoritative Rechts-Quelle ist es auch der Charakter genereller Unwandelbarkeit qua göttlichen Rechts, der die Scharia nach westlichem Empfinden heute zu einem Kodex macht, der wie Blei auf den islamischen Gesellschaften zu lasten scheint. Die Scharia darf nämlich nicht verändert werden, sondern allenfalls ausgelegt. Sie ist Gottesrecht, im Unterschied zum bloßen Menschenrecht, und damit als Ganzes unantastbar.

Gleichwohl ist die Scharia nicht gänzlich monolithisch. Die Ausleger haben, und dies relativiert die oben gemachten Feststellungen über ihren lähmenden Charakter ein wenig, im Laufe der Jahrhunderte große Flexibilität an den Tag gelegt, um den veränderten Verhältnissen und

Erfordernissen des Alltags einerseits sowie den Forderungen der Scharia andererseits gleichzeitig Rechnung zu tragen. Die Methode dabei ist meistens der Analogieschluß (qiyas), in dem man ein Äquivalent zu unserem Begriff des Präzedenzfalles sehen kann.

In den ersten Jahrhunderten der islamischen Geschichte bildeten sich mehrere Rechtsschulen (madhahib) heraus, von denen vier gewissermaßen klassisch geworden sind. Sie werden nach ihren Begründern als die malikitische, hanafitische, schafiitische und hanbalitische bezeichnet, nach Malik Ibn Anas, Abu Hanifa, Imam Schafii und Ahmad Ibn Hanbal. Die Schiiten schufen sich mit der sogenannten Dschaafari- Rechtsschule ihr eigenes Recht. Andere Rechtsschulen haben entweder nicht überlebt oder sind so sehr zurückgedrängt worden, daß sie heute im Gesamtmaßstab des Islams keine Rolle mehr spielen. Vor allem extreme schiitische Sekten zeichneten sich von Beginn ihres Entstehens an durch ihren Antinomismus aus, das heißt durch die weitgehende Ablehnung der Gesetzesreligion und der Scharia. In ihren politisch- religösen Utopien imaginierten sie die Scharia-freie Gesellschaft, eine Art religiösen Anarchismus. Ein Restbestand dieser Sekten sind zum Beispiel die türkischen Aleviten, die man als „Schiiten ohne Scharia" definieren kann (siehe unten). Das sunnitische Recht des Abu Hanifa, dem die übrigen Türken in osmanischer Tradition folgen, soweit es ihre säkulare Verfassung noch zuläßt, wird von den Aleviten bis heute vehement abgelehnt, was immer wieder zu teilweise blutigen Zusammenstößen führt.

Im Laufe der Geschichte wurden wichtige Regionen des Nahen Ostens und Nordafrikas von der einen oder anderen dieser vier Rechtsschulen dominiert, so der Maghreb von den Malikiten, das Osmanische Reich von den Hanafiten, die Arabische Halbinsel hingegen von den Hanbaliten. Dabei sind die Unterschiede zwischen diesen „madhahib“ nur gering. Verschiedentlich wurde gesagt, die hanbalitische Rechtsschule sei die strikteste, während man die hanafitische als die liberalste bezeichnen könne. Doch diese Begriffe sind dem westlichen Denken entnommen und besagen, auf den Islam übertragen, wenig.

Sieht man einmal von der Türkei ab, die unter Atatürk mitteleuropäische Rechtssysteme aus der Schweiz, aus Italien und Deutschland übernommen hat, so sind die Doktoren des kanonischen Rechts, die Muftis und Kadis (Richter) auch noch heute sehr beschäftigt. Nicht nur der einfache Gläubige kann sich, wie das auch im Judentum bei den Rabbinern der Fall ist, mit Fragen über seine Lebensgestaltung an sie wenden, sondern auch der Staat verlangt gegebenenfalls sogenannte Rechtsgutachten (Fatawa, Singular: Fatwa), zum Beispiel wenn es darum geht, zu entscheiden, ob eine geplante Gesetzesregelung mit der Scharia zu vereinbaren sei oder nicht. Zu denken wäre da an das Thema Familienplanung. Dies zeigt übrigens, daß heute in vielen Ländern der islamischen Hemisphäre der Versuch unternommen wird, westliche Gesetzgebungsprozeduren, etwa durch die Parlamente, mit der Scharia zu verknüpfen und so ein gemischtes Rechtssystem herzustellen. Das Recht im Islam ist aber ursprünglich ein Professorenrecht, wie es ein zeitgenössischer Muslim einmal treffend genannt hat. Dies ist der Hauptgrund dafür, daß heute die Islamisten und Integristen die parlamentarische Gesetzgebung ablehnen und ein vollständiges „Zurück zur Scharia“ anstreben.

Es hängt oft von dem einzelnen Ausleger ab, ob er Bestimmungen der Scharia, die eben auch ein Verhaltenskodex ist, eher dogmatisch oder flexibel und pragmatisch interpretiert. Es gibt insgesamt fünf Kategorien, mit deren Hilfe die Rechtsgelehrten die Handlungen der Menschen bezogen auf die Beurteilung durch Gott bewerten:

Pflicht (fard, wadschib). Dies ist eine Handlung, die von Gott belohnt wird, wenn man sie erfüllt, und bestraft, wenn man sie unterläßt.

Erwünscht (mandub, halal). Eine solche Handlung wird belohnt, wenn man sie ausführt, aber nicht bestraft, wenn man sie unterläßt.

Neutral (mubah). Darunter ist eine Handlung zu verstehen, die weder belohnt noch bestraft wird.

Unerwünscht (makruh). Diese Definition ist das Gegenstück zu mandub, erwünscht. Die Handlung wird nicht bestraft, wenn man sie tut, aber belohnt, wenn man sie unterläßt.

Verboten (haram). Eine solche Handlung ist absolut verboten. Man wird bestraft, wenn man es tut, und belohnt, wenn man es unterläßt.

Mit diesen fünf Kategorien versucht das islamische Recht alle aktuellen und denkbaren zukünftigen Handlungen des Menschen religiös, das heißt bezogen auf Verdienste im Jenseits, einzuordnen, wobei das islamische Strafrecht dann dieses System um „diesseitige", das heißt gesellschaftliche Sanktionen ergänzt. Da der Islam keine Kirche kennt und auch nicht hierarchisch gegliedert ist, stellt sich der Spielraum, den die Rechtsgelehrten haben, in der Praxis relativ groß dar. Der Islam hat zwar mit den „heiligen Städten" Mekka und al-Medina ein spirituelles Zentrum, aber keinen Vatikan, der ein verbindliches Dogma formulieren könnte, weder in der Gotteslehre noch im Recht. Für die Sunniten, das heißt für etwa neunzig Prozent der Muslime, fungiert allerdings die tausend Jahre alte Theologenschule und Universität von al-Azhar in Kairo als gewohnheitsmäßige Lehrautorität, doch gibt es auch regionale theologische Zentren (wie die Moschee Zeituna in Tunis), die als solche gelten. Die Schiiten verfügen eher als die Sunniten über eine Hierarchie von Schriftgelehrten und anerkennen besonders das Wort sogenannter Groß-Ajatollahs, die man auch als „Quelle der Nachahmung“ (mardscha-e taqlid) bezeichnet. In der schiitischen Rechtsschule gelten auch die Überlieferungen der sogenannten Imame der Schiiten, vor allem des Imams Ali, des Begründers dieser Konfession, als kanonisch und damit als Quelle des Rechts.

Gemeinhin herrscht unter den Sakraljuristen der Glaube an den consensus omnium, den sogenannten „idschma“. Er beruht auf der Überzeugung, daß die Mehrheit der Rechtsgelehrten in einer strittigen Frage nicht irren könne. Dies ist ein, cum grano salis, „demokratisches“ Element. Auf dieser Grundlage werden Entscheidungen gefällt durch Nachahmung (taqlid), Analogieschluß (qiyas), durch die eigene Urteilsfindung (ra'y, idschtihad) oder durch die Anwendung von Gewohnheitsrecht (adat, urf), denn der Islam war, als er entstand, durchaus bereit, von den eroberten Gesellschaftsordnungen, etwa in Ägypten, in Persien oder Byzanz, zu lernen. Das Gewohnheitsrecht Adat ist Grundlage der Gesellschaftsordnung in all jenen Fällen, die durch die Heranziehung der autorisierten Quellen nicht eindeutig gelöst werden können.

Mit dem islamischen Strafrecht erreicht man nun ein Gebiet, das zwischen dem Islam und der heutigen Moderne zwangsläufig zu Auseinandersetzungen und Polemiken führen muß, während dies beim islamischen „Zivilrecht“ nicht immer und unbedingt der Fall ist. Mag man auch vieles an den Bestimmungen über Steuern und Zinsen, Behandlung der Frauen, Heirat und Scheidung oder über die Behandlung der Minderheiten im islamischen Recht für überholt halten, so ist doch das islamische Strafrecht mit den Vorstellungen der westlichen Moderne, die heute auch weitgehend die der Vereinten Nationen und ihrer Menschenrechts-Charta sind, weder dem Sinn noch der Praxis nach vereinbar. Das islamische Strafrecht atmet auf diesen Feldern einen zutiefst archaischen Geist, sein Sinn ist primär die Abschreckung durch rigorose Vergeltung, wenn auch der Gedanke an Vergebung und Besserung durchaus vorhanden ist. Islamische Apologeten wenden denn auch gerne gegenüber westlicher Kritik ein, das islamische Strafrecht erfülle seine Aufgabe voll und ganz, wie zum Beispiel die Verbrechensstatistiken zeigten; im übrigen betone der Westen das islamische Strafrecht über Gebühr, es werde selten und unter höchst skrupulösen Bedingungen und Voraussetzungen angewandt. Dies, in der Tat, trifft zu.

Das islamische Strafrecht kennt drei Gruppen von schweren Körperstrafen: Hadd (oder hudud), Qisas und Ta'zir.

Die Hadd-Strafen gelten als Strafen, die nicht zur Disposition gestellt werden können, anders als die Ta'zir-Strafen, die in das Ermessen des Richters gestellt sind und primär wohl die Aufgabe haben, dem Täter zu Reue und einem Überdenken seiner Tat zu verhelfen. Bei den Hadd-Strafen hingegen hilft Reue vor dem Gesetz nichts. Der Delinquent hat hier eine Grenze überschritten, die Gott gezogen hat. Die Strafen sind schwer und sollen bewußt schwer sein. Sie umfassen Steinigung oder Auspeitschung bei Delikten wie Unzucht, Verleumdung einer verheirateten Frau wegen Ehebruchs oder bei Trunkenheit sowie das Abschneiden von Gliedmaßen bei schwerem Diebstahl. Auch für Räuberei, Straßenraub und Glaubensabfall sind Hadd-Strafen vorgesehen. Die Apostasie wird im Regelfall mit dem Tod geahndet, auch wenn im Koran empfohlen wird, Gott die Beurteilung zu überlassen. Schwer zu entscheiden ist freilich, was eigentlich Glaubensabfall ist. Hier kann dogmatisch, aber auch pragmatisch ausgelegt werden. Wie der „Fall Rushdie" und andere, ähnlich gelagerte Fälle zeigen, neigen die heutigen Islamisten meistens zur dogmatischen, damit radikalen Lösung.

Islamische Apologeten machen geltend, die Strenge dieser Strafen sei notwendig, um die öffentliche Moral aufrechtzuerhalten. Überdies könnten die Strafen nur verhängt werden, wenn eine ganze Reihe von Voraussetzungen erfüllt seien. So muß etwa der Ehebruch durch vier erwachsene, glaubwürdige, unbescholtene und geistig gesunde Zeugen gewissermaßen durch Beobachtung in flagaranti beglaubigt werden; die Zeugen ihrerseits stehen unter der Drohung der schweren Hadd-Strafe, die im Falle der erwiesenen Verleumdung Unbescholtener gegen sie verhängt werden kann. Unerlaubter Geschlechtsverkehr (zina) bedeute zudem nach klassischer Lehre: Verkehr mit einer Frau, die nicht zu den maximal vier legitimen Ehefrauen oder den legitim erworbenen Sklavinnen gehört. Im Schiismus gibt es darüber hinaus noch die Einrichtung der „Zeitehe“ (mut'a), die nach westlichem Verständnis nichts anderes ist als legalisierter Ehebruch. Man kann beim Mullah eine befristete Ehe zum Zwecke des Geschlechtsverkehrs eingehen, die zwischen einer Stunde und vielen Jahren bemessen sein kann. Die Bedingungen für eine Verurteilung wegen Ehebruchs und Unzucht scien, so sagen die Apologeten, so breit gefächert, daß eine Verurteilung eigentlich gar nicht oder nur im Falle des freiwillgen Geständnisses erfolgen könne.

Ähnlich verhalte es sich mit den übrigen Delikten, etwa dem Diebstahl, wo der Richter genau prüfen müsse, aus welchen Motiven heraus der Beschuldigte gestohlen habe. Auch im Islam stehe die Milde oder gar der Gedanke der Resozialisierung im Vordergrund, wenn der Dieb zum Beispiel ein armer Teufel sei. Nur den Vermögenden treffe die ganze Härte des Gesetzes, wenn er überflüssigerweise stehle. Falls der Täter leugnet und keine verläßlichen Zeugenaussagen herbeigebracht werden können, ist der Richter immer gehalten, die Sache nicht mehr weiter zu verfolgen.

Die Qisas-Strafen fallen unter das Stichwort der Wiedervergeltung, des „ius talionis“, wie es der Koran augenscheinlich von den Juden übernommen hat. Es ist, populär gesprochen, das alttestamentliche Prinzip des „Auge um Auge, Zahn um Zahn", die Blutrache. Mord wird durch die Tötung des Mörders geahndet, „ein Freier für einen Freien, ein Sklave für einen Sklaven", es sei denn, die Familie des Ermordeten verzeiht dem Täter und erläßt ihm, wenn er das Blutgeld (diya) bezahlt, die Todesstrafe. Das Vergeltungsstrafrecht war vom Propheten ganz offensichtlich als ein Mittel gedacht, die bei den Beduinen weit verbreitete überbordende Blutrache einerseits in den Islam einzubinden, andererseits durch die Beschränkung auf den Mörder, der allein der Blutrache verfiel, einzudämmen, ja, sie zu beenden. Blutrache hat es auf der Arabischen Halbinsel bis in unsere Zeit hinein gegeben, sie war unter den oft nur oberflächlich islamisierten Beduinen-Stämmen ein gewissermaßen vor-rechtliches Element der Abschreckung, da jede Tötung eine neue Tötung aus dem Kreis der Verwandten oder jeweiligen Stammesmitglieder der Getöteten nach sich zog. Dies führte, wenn dieser Fall eintrat, zu einem „Ausmorden", zu einer Tötungsspirale archaischen Zuschnitts, die eine zivilisierte Gesellschaft nicht hinnehmen konnte. Im Islam ist nach der Tötung des Mörders die Blutrache abgegolten. Theoretisch steht die Vollstreckung des Todesurteils dem Bluträcher zu, meistens dem ältesten männlichen Verwandten, doch übernimmt heute, zum Beispiel in Saudi-Arabien, ein Henker diese Aufgabe. Es gelang dem so spezifizierten ius talionis freilich nicht, die Sitte oder Unsitte der Blutrache ganz zu überwinden. Über Fälle von Blutrache wird auch heute immer wieder zwischen dem Balkan, so weit er muslimisch ist, und der Golfregion berichtet.

Wenn wir nun versuchen, ein Gesamturteil über die Scharia zu fällen, so können wir sagen, daß sie sich in dem Maße besser bewährte, in dem ihre Ausleger Pragmatismus und Flexibilität zeigten. Das islamische Recht, das eben auch Lebensform ist, erwies sich als durchaus anpassungsfähig an Verhältnisse, die sich in den ersten Jahrhunderten des Islams rasch wandelten: von einer überschaubaren kleinen Gemeinde in al-Medina und Mekka zu einem Weltreich. Die Scharia gab den Rechtsgelehrten auch immer wieder Mittel an die Hand, um gegen Unrecht zu protestieren. Ich nenne ein Beispiel aus dem Steuerrecht. Die Scharia kennt nur vier Arten von Steuer: die Almosensteuer (zakat), den Zehnten (uschr), die Grundsteuer auf Landbesitz (charadsch) und die von den religiösen Minderheiten, den sogenannten Schutzbefohlenen, zu entrichtende Kopfsteuer (dschizya), die entfiel, sobald der Jude oder Christ zum Islam konvertierte. Die islamischen Herrscher freilich waren, wie alle Herrscher, besonders phantasievoll beim Erfinden immer neuer Steuern und Abgaben, da vor allem ihre Kriege hohe Summen Geldes verschlagen. Die Scharia bot nun den Rechtsgelehrten eine Handhabe, gegen ungerechte Steuern zu protestieren.

Ein weiteres Beispiel für die Flexibilität der Rechtsgelehrten ist die Frage des Zinsnehmens. Der Koran verbietet das Nehmen des sogenannten „Riba" – ein Wort, über dessen Sinn bis heute gestritten wird. Bedeutet es Zins oder einfach nur Wucher? Es ist nun interessant zu wissen, daß die islamische Kultur auf dem Höhepunkt ihrer Entfaltung schon eine hochentwickelte Geldwirtschaft besaß, die das Zinsnehmen erforderte. Die Rechtsgelehrten erfanden nun in pragmatischer Form sogenannte „Rechtskniffe" (hiyal), die es eben doch gestatteten, den Zins in die Geldwirtschaft einzuführen und dies mit der Scharia in Einklang zu bringen.

Das islamische Recht wurde zu unterschiedlichen Zeiten recht unterschiedlich angewandt, einmal mehr pragmatisch, dann wieder strikter. Das hing auch von den jeweiligen Herrschern und ihrem religiösen Hintergrund ab. Fanatiker sorgten für striktere Anwendung, tolerante Muslims für Flexibilität. Es gab lange Zeiten, in denen es verpönt war, auf der Suche nach Sündern in der Privatsphäre der Muslims herumzuschnüffeln. Umgekehrt war auch zu beobachten, daß die Herrscher bei Machtkämpfen die Sakraljuristen für ihre eigenen politischen Ziele instrumentalisierten, so daß sie oft genug – im Namen des Rechts – das Recht beugten. Dies ist aus der Geschichte des Christentums nicht weniger bekannt.

In der Moderne, die im islamischen Orient mit der Invasion Napoleons in Ägypten begann, wurde die Scharia allmählich zurückgedrängt, wenn auch in ganz unterschiedlichem Ausmaß. In der Türkei wurde sie, wie gesagt, ganz abgeschafft, während sie in einem Land wie Saudi-Arabien niemals in Frage gestellt wurde. Dort ist der Koran die Verfassung, und die Scharia nach hanbalitischer Auslegung gilt als das Gesetz. Die meisten Länder haben heute ein Mischsystem, in dem sich westliche Vorstellungen vom Recht mit denen der Scharia oft genug stoßen. Die Islamisten fordern deshalb eine Abschaffung der westlichen Einflüsse, die durch die Politiker und ihre Parteien und Parlamente ins Land kommen, und eine vollständige Rückkehr zum Sakralrecht. Die Regierungen müssen dieser Forderung wenigstens zum Teil Rechnung tragen, wenn sie den Zorn der Islamisten nicht über Gebühr herausfordern wollen. In manchen Ländern, zum Beispiel Marokko oder Tunesien, werden westliche Reformen im Familienrecht, etwa bei der Besserstellung der Frau, durchgesetzt, indem man sie in einen speziell islamischen Kontext einfügt. Dasselbe gilt für ein Land wie Malaysia, wo die gesamte Entwicklung der Gesellschaft, die ökonomische eingeschlossen, geschickt als Entfaltung des Islams zu einer eigenen Moderne hin deklariert wird. Dem kommt zugute, daß der Islam im Grunde nichts gegen erfolgreiches Wirtschaften einzuwenden hat, war doch der Prophet selbst ein erfolgreicher Kaufmann.

Doch was immer auch die islamischen Apologeten der Scharia über deren gesellschaftlichen Nutzen und über einzelne sich positiv auswirkende Bestimmungen sagen mögen, für europäisches Empfinden handelt es sich heute um ein Rechtssystem, wie es, als Ganzes und von seinem Ansatz her gesehen, den Vorstellungen der Moderne nicht entgegengesetzter sein könnte. Die als göttliches Recht, nicht als menschliche Satzung geltende Scharia, vor tausend Jahren entstanden, hält eben in vielen Bereichen zeitgenössischen Lebens nicht Schritt mit den rasenden Entwicklungen der Geschichte, mit Entdeckungen und Neuerungen aller Art, kann aber, wie wir gesehen haben, nicht grundlegend geändert werden, sondern nur ausgelegt. Dies zeigt das ganze Dilemma. Nicht nur die drakonischen Bestimmungen des Strafrechts mit seinen Körperstrafen, die das heutige westliche Rechtsempfinden als archaisch, brutal und menschenverachtend ansieht, selbst wenn die Verstümmelungen im Krankenhaus unter Narkose vorgenommen werden, auch das Scheidungsrecht, das in vielem die Frau benachteiligt, oder die Behandlung der Minderheiten, die zwar als „Schutzbefohlene" des Islams angesehen werden, aber nicht als den Muslimen gleichberechtigt gelten, widersprechen elementaren Auffassungen der Moderne von Recht und Gesetz, von Gleichheit und Freiheit des Individuums, von Glaubensfreiheit und so weiter.

Gerade die Behandlung, die das islamische Recht den Minderheiten angedeihen läßt, zeigt sehr schön die ganze Zwiespältigkeit. Juden und Christen gelten als vom Islam zu schützende „Schriftbesitzer", das heißt als Bekenner einer Offenbarungsreligion. Gegen Zahlung der Kopfsteuer können sie sich selbst autonom verwalten, ihre Religion pflegen, ihre Patriarchen oder Rabbiner bestellen und auch ihr eigenes Personenstandsrecht anwenden. Vom Kriegsdienst sind sie ausgeschlossen. Zur Zeit, als die Scharia entstand, war dies gewiß das fortgeschrittenste Minderheitenrecht, das existierte, erlaubte es doch den Juden und Christen überall im Islam, als Gemeinschaft und Kultur zu überleben. Dies gelang auch fast überall, wo Muslime herrschten, ob in Spanien, auf dem Balkan, in Ägypten oder im Vorderen Orient selbst (Syrien, Libanon, Türkei).

Freilich bedeutete dieser Status nicht dasselbe wie Gleichberechtigung, denn die Schutzbefohlenen waren auch einer ganzen Reihe diskriminierender Maßnahmen unterworfen. So durften sie keine Waffen tragen und nicht auf Pferden reiten. Kirchen durften nur mit Erlaubnis des Staates errichtet werden und mußten niedriger sein als die Moscheen. Christen und Juden waren nicht als glaubwürdige Zeugen vor Gericht zugelassen. Zwar durften muslimische Männer Christinnen oder Jüdinnen heiraten, nicht aber muslimische Frauen einen christlichen oder jüdischen Mann. Er mußte konvertieren, eine Praxis, die noch heute vorherrscht. Die eigentlichen „Heiden", das heißt alle Anhänger von Religionen ohne heilige Schrift, gelten dem Islam im Grunde als rechtlos, ebenso die Polytheisten, die der Vielgötterei anhängen, Gott andere Götter „beigesellen", von den Atheisten gar nicht zu reden. Daß ein Mensch im religiösen Sinne nichts glauben könne, war damals wohl denkunmöglich. Ebenso, daß man einmal seine Religion – und dies verbrieft als Menschenrecht – frei wählen könne.

Man muß nicht betonen, daß solcherlei Minderheitenrecht mit westlichen Vorstellungen von der generellen Gleichheit aller Menschen, unabhängig von ihrer Religion oder sonstigen Weltanschauung, nicht mehr viel gemeinsam hat. Die Vorstellung von den Christen und Juden als Schutzbefohlenen spielt jedoch in etlichen Ländern der islamischen Hemisphäre bis heute noch eine große Rolle, so in Iran, in Saudi-Arabien und in anderen Golfstaaten. Selbst wenn die Verfassung den modernen Gleichheitsgedanken propagiert, herrscht doch im Bewußtsein der Menschen die Ansicht vor, die Minderheiten hätten eigentlich, da geschützt, den Mund zu halten und sich nicht allzu weit vorzuwagen, getreu dem Motto: „Der Islàm herrscht, er wird nicht beherrscht." Selbst im vergleichsweise verweltlichten Ägypten konnte der koptische Christ Boutros Boutros-Ghali nicht Außenminister werden, vom Amt des Staatspräsidenten ganz zu schweigen. Fast wie ein Wunder wirkt es, daß zum Beispiel im Libanon nach einem fünfzehn Jahre währenden Bürgerkrieg die Mehrheit der Muslime noch immer bereit ist, einen christlichen Staatspräsidenten wenigstens nominell zu akzeptieren.

Es ist nun nicht zu erwarten, daß die islamische Welt, dem Beispiel der Türkei folgend, die Scharia mit einem Schlage aufheben wird, zumal gegenwärtig eher gegenläufige Tendenzen zu beobachten sind. Der Gegensatz zwischen westlich-positivistischer und östlich-theokratischer Rechtsauffassung bleibt einstweilen unverrückbar und ungemildert bestehen. Es ist auch nicht Sache des Westens, den Muslimen vorzuschreiben, nach welchen Regeln sie leben sollen, das ist allein ihre Sache. Denkbar ist, daß nach einem Abebben der Welle des Islamismus eine Reformbewegung auftritt, die allmählich jene Teile der Scharia aufgibt oder einfach links liegen läßt, die sich mit modernen Auffassungen von Recht und Gesetz nicht vertragen, und andere Elemente beibehält: natürlich die Traditionen und Gebote des Ritus oder all jene Rechts-Bestimmungen, die im Einklang mit modernen Auffassungen stehen mögen. Solche gibt es nämlich in der Scharia auch. So gilt die Frau seit den Tagen des Propheten als akzeptierte Rechtsperson, uneheliche Kinder sind den legalen Kindern aus der Ehe gleichgestellt usw. Im islamischen Kriegsrecht, das vor Übertreibung warnt, finden sich höchst ansprechende Regeln über eine faire Kriegsführung, wenn sich der Krieg schon nicht vermeiden lasse.

Freilich: Die stete Kritik der Europäer an den schweren Körperstrafen ist notwendig, wenn es gelingen soll, ein

Prinzip wie die Unversehrtheit der Person durchzusetzen. Die westliche Kritik an der Todesstrafe im Islam wäre allerdings glaubwürdiger, wenn diese endgültigste aller Strafen auch in Amerika, der Vormacht des Westens, nicht länger vollstreckt würde. Ein ursächlicher Zusammenhang zwischen Religionsgesetz und Todesstrafe besteht ja nirgendwo ausdrücklich und ausschließlich. Das zeigt der Fall der Türkei, die mit der Scharia ganz gebrochen hat und dennoch bis heute an der Todesstrafe festhält. Und dies gilt natürlich auch und erst recht für andere, strengere Regime in der Region, bei denen die Todesstrafe wenig mit Religion, doch viel mit Unterdrückung zu tun hat.

Die Frage, wie vom Islam geprägte Gesellschaften zu zivilen Gesellschaften verwandelt werden können, findet heute im Westen wie im islamischen Orient selbst die unterschiedlichsten Antworten. Im Folgenden werden wir die praktische Bewältigung dieser Frage an zwei Beispielen sehen, die gegensätzlicher kaum sein können: einmal an der Türkei, die mit dem Religionsgesetz, soweit es mehr ist als Ritus und Feier, gänzlich gebrochen hat, zum anderen an Iran, das sich bewußt und ausdrücklich als von Grund auf religionsgesetzlicher Staat versteht. Beide berufen sich auf Begriffe wie „Reform“ oder „Rationalismus“. In der Türkei gründen sie, wie wir sehen werden, größtenteils auf westlichen Einflüssen und Vorbildern, während die Iraner beides auf eine authentisch islamische Weise interpretiert sehen wollen. Im Grunde mißachten beide wohl einen großen Teil jener rationalistisch-islamischen Philosophie, die in unseren Augen das Schöpferischste am islamischen Erbe darstellt. Die Türken haben ganz auf den westlichen Positivismus gesetzt, während die Iraner, offenbar hin- und hergerissen zwischen strikter Religionsgesetzlichkeit und philosophischem Ansatz, den Knoten einer militanten Autokratie der Mullahs noch nicht durchschlagen konnten. Hat der islamische Rationalismus überhaupt eine Zukunft?

Die Geburt des Islam aus dem Geist der Philosophie

„Jeder Muslim sehnt sich nach Andalusien."

JACQUES BERQUE

Auch Arabien wurde einmal griechisch, getreu dem Worte Goethes, daß jeder ein Grieche sein solle, und zwar auf seine eigene Weise. Das war sogar auf dem Höhepunkt der arabischen Kultur der Fall, als der Islam die Hälfte der damals bekannten Welt beherrschte und die führende kulturelle Macht auf dem Erdball war. Im Zeitalter eines wachsenden Islamismus erscheint diese These provokant, und in der Tat fühlen sich die heutigen Ideologen des Islams, die nach einem Wort von Aziz al-Azmeh sogar den Islam noch islamisieren, durch sie herausgefordert. Sie glauben, den Islam als Religion wie Zivilisation nur dadurch retten zu können, daß sie ihn abschotten gegen alle „schädlichen" und verderblichen Einflüsse von außen, die vornehmlich als „westlich" definiert werden. Dabei wenden sie sich auch gegen jene Traditionen des islamischen Denkens, die sich seinerzeit unter dem Einfluß der Griechen herausbildeten und die im kollektiven Bewußtsein der Muslime bis heute in ganz anderer Weise lebendig sind, als etwa vergleichbare mittelalterliche Strömungen (und deren Denker) im Christentum. Dabei rührt man an einen neuralgischen Punkt und entzündet eine Lunte, deren Brennen man im säkularisierten Europa kaum noch nachvollziehen kann.

Der Islam kennt nämlich keinen Historismus, seine

mehr als tausend Jahre zurückliegende Hochblüte ragt in die Gegenwart hinein, als sei sie erst jüngst vergangen. Wütende, ja giftige Kontroversen über die Haltung zu den islamischen Rationalisten des Mittelalters prägen denn auch gerade die allerjüngste Gegenwart, mit allen politischen Folgen, die das haben muß. Diese Art von Rationalismus kann, wie einige politische Morde in jüngster Zeit gezeigt haben, so lebensgefährlich sein, wie das auch im Abendland zu gewissen Zeiten der Fall war.

Man kann nun gewiß verstehen, daß von den Muslimen nicht alles goutiert wird, was heute aus Europa oder Amerika unter dem Kennzeichen und Vorwand des Fortschritts und der Globalisierung in den dar al-islam hinüberschwappt; doch dürfte die geistige Abschottung auf die Dauer genau das richtige Mittel sein, den Islam zu zerstören, seine schöpferischen Kräfte endgültig erstarren und versiegen zu lassen und ihm die Fähigkeit zu nehmen, sich anzupassen oder zu verändern, ohne sich im Ozean der Globalisierung zu verlieren.

Die von den Islamisten so sehr gepriesene mittelalterliche Zivilisation des Islam zeichnete sich nämlich gerade dadurch aus, daß sie sich nicht gegen Fremdes abriegelte, sondern offen war für die Kultur der unterworfenen Länder und Völker, ja sogar für die „Weisheit der Alten" (ulum al-qudama), die aus der Zeit viele Jahrhunderte vor dem Islam tradiert war. Der erste wirkliche Philosoph der islamischen Kultur, al-Kindi, brachte das zum Ausdruck, als er seine Leser ermahnte, sie sollten die Wahrheit übernehmen „aus jeder beliebigen Quelle, sogar, wenn sie von früheren Generationen und anderen Völkern stammt." Mit dieser Weisheit der Alten wurden die Muslime erstmals bekannt, als sie im Jahre 640 das einst blühende Alexandria eroberten und ihrem Reich einverleibten, wie ganz Ägypten. Alexandria – von nun an al Iskandarijja – war die geistige Hauptstadt der Spätantike gewesen. Die große Tradition der griechischen Philosophie blühte hier ebenso wie das Denken des Hellenismus, dazu orientalische Lehren, die aus Vorderasien, aus Persien und Indien in Ägypten eingedrungen waren. In der Gestalt des Philo von Alexandrien war dort schon die jüdische Philosophie griechisch geworden. Nun sollte es bald auch die „islamische" werden.

In Alexandria hatte vor allem Plotin gewirkt, der originelle Umgestalter und Erneuerer der Philosophie Platons, auch Ammonios Sakkas. Sie standen für jene Schule philosophischer Weltauslegung, die den Namen „Neuplatonismus" erhalten und in den folgenden Jahrhunderten einer der ganz wichtigen Stränge auch des islamischen Denkens werden sollte. Und zwar nicht nur in den verschiedenen Schulen des Rationalismus, sondern vor allem auch in der Mystik. Der starke Einfluß des Neuplatonismus führte übrigens im islamischen Denken jener Zeit dazu, daß die Unterschiede zwischen Aristoteles und Platon geringer erachtet wurden, als das eigentlich der Fall hätte sein müssen. Dazu trug bei, daß zum Beispiel ein Auszug aus den Enneaden des Plotin unter der Autorschaft des Aritoteles kursierte (und zwar unter der Überschrift „Theologie des Aristoteles"); als aristotelisch galt dem islamischen Orient auch ein Werk des Proklos, das unter dem Titel „Liber de causis" im lateinischen Mittelalter bekannt geworden ist.

Im Zeitalter der großen Eroberungen (al-futuhat) nach dem Tode des Propheten, das überraschenderweise nur wenige Jahrzehnte dauerte, hatten die Muslime zunächst noch andere Sorgen, als sich um die Philosophie der eroberten Völker zu kümmern. Doch dies änderte sich in dem Maße, in dem sich das kalifische Reich der Omajjaden, vor allem jedoch das der Abbasiden (seit 750) konsolidierte. Wie bei allen Eroberern, so wiederholte sich auch bei den muslimischen Arabern jene Dialektik einer „geistigen Nachfrage" und des entsprechenden Angebotes auf dem Gebiet der menschlichen Ressourcen. Auf gut

Deutsch: Man kam ohne die einheimischen Eliten nicht aus, unter denen sich zum Teil hochgebildete Männer befanden. Viele von ihnen waren Syrer. Sie wurden die wichtigsten Übersetzer der antiken philosophischen Werke über das Syrische ins Arabische. Bis heute haben Männer wie Hunain Ibn Ishaq, Ishaq Ibn Hunain, Qusta Ibn Luqa, Abu Bischr Matta oder Yahya Ibn Adi einen guten Klang in der arabisch-islamischen Geistesgeschichte. Durch ihre Übertragungen der bedeutendsten Werke antiken Denkens gaben sie den muslimischen Denkern ein Mittel in die Hand, die durch den Koran geoffenbarten Glaubenswahrheiten rational zu durchdringen und auszulegen. Im Grunde präformierte die daraus entstehende rationale Theologie und Philosophie ein Prinzip, das Jahrhunderte danach von den großen christlichen Denkern des Mittelalters unter dem Stichwort „fides quaerens intellectum“ praktiziert wurde: Glaube, der nach Einsicht sucht. Neben Ägypten war vor allem Syrien eines der Zentren dieser Vermittlung, besonders die obermesopotamische Stadt Harran; dazu das persische Gundischahpur, dessen Hochschule im Jahre 555 nach Christus von dem König Chosrau Anuschirwan gegründet worden war. Die Schule von Gundischahpur, getragen weitgehend von nestorianischen Christen, die aus Byzanz geflohen waren, war bekannt für ihre Studien des hellenistischen Wissens und der Medizin. Wir werden sehen, welchen Rang gerade die Medizin als Basiswissenschaft für viele islamische Denker einnahm.

Als erste nennenswerte Schule eines theologischen Rationalismus, deren Einfluß untilgbare Spuren im islamischen Denken hinterließ, kann die Mu'tazila gelten. Die Denker der Mu'tazila sind keine ausgesprochenen Philosophen gewesen, waren aber gleichwohl vom Einfluß des griechischen Rationalismus geprägt. Man hat sie früher gelegentlich als Freidenker apostrophiert, eine Charakterisierung, die nicht zutrifft. Im Gegenteil: die

Mu'taziliten wollten gerade orthodox sein und die Lehren des Korans besonders gut verstehen. Ihre Charakterisierung als Freidenker geht wohl auf ihre innerislamischen Gegner, die sie verleumdeten, und auf westliche Orientalisten zurück, die einen großen Teil ihrer Anschauungen sympathisch fanden. Mit Recht übrigens.

Es ist nicht möglich, die komplexen Dispute dieser Theologen, deren bekannteste Wasil Ibn Ata, Abul Hudhail al-Allaf und an-Nazzam waren, im einzelnen hier aufzuführen. Wir wollen uns auf zwei zentrale Punkte beschränken, die auch für das heutige islamische Denken besonders wichtig wären, ja, im Grunde noch immer eine Art geistigen Explosivstoff darstellen. Dies zeigen die zeitgenössischen innerislamischen Debatten über den Rationalismus, die „Wissenschaft der Alten" und die Verwestlichung zur Genüge.

Schon früh beschäftigten zwei Fragen die islamische Theologie: die nach der Gerechtigkeit Gottes ('adl) und die nach der Substanz des Korans, das heiß nach dem Charakter der Offenbarung (wahy). Die Mu'taziliten eröffneten nun eine tiefe Fehde mit der sogenannten Schule der Dschabriten. Diese verfocht den Standpunkt einer durchgängigen Prädestination in der Natur ebenso wie im Geschick (al-qadar) des Menschen. Die Mu'taziliten hingegen stützten deren Gegner, die sogenannten Qadariten, welche die Prädestination ablehnten, mit tiefgründigen Erörterungen über die Bedingungen der Möglichkeit von Gottes Gerechtigkeit. Dieser Begriff des 'adl war nach Auffassung der Mu'taziliten nur zu halten, wenn man den Menschen auch wirklich zum Herrn seiner Entschlüsse und Entscheidungen machte. Das im Koran verkündete Prinzip göttlicher Sanktionen hatte für den mu'tazilistischen Rationalismus nur dann einen feststellbaren und an die göttliche Gerechtigkeit geknüpften Sinn, wenn der Mensch in freier Entscheidung für seine Taten auch verantwortlich war. Wie könne Gott, so fragte man, die Geschöpfe belohnen oder bestrafen, wenn er selbst mittels der Prädestination und Allmacht ihre Taten verursache?

Bei ihrem zweiten Gegenstand, der Frage nach der Substanz der Offenbarung, entschieden sich die Mu'taziliten für eine Lesart, mit der sie noch stärker als mit ihren Thesen über die Willensfreiheit den Zorn der Orthodoxie heraufbeschworen. Sie hielten nämlich die These, der Sinn der Offenbarung sei zwar ewig, da Gottes Wort, ihre Form jedoch der Zeitlichkeit unterworfen. Damit lehrten sie, der Koran sei geschaffen, nicht das ewige und ungeschaffene Wort Gottes, wie die Orthodoxie lehrte und bis heute lehrt. Dies war eine in mancher Beziehung viel brisantere Auffassung, aus Gründen, wie man sofort begreift, wenn man an zeitgenössische muslimische Reformer wie den erst unlängst stigmatisierten Nasr Hamid Abu Zaid denkt. Er wurde in seiner Heimat Ägypten auf Betreiben islamistischer Kreise zwangsweise geschieden und mußte das Land verlassen, weil er gerade jene Dimensionen der „Zeitlichkeit" und Gewordenheit im Text der Offenbarung linguistisch entschlüsselte.

Die Argumentation der Mu'tazila war immerhin so stark und überzeugend, daß ihre Lehre für wenige Jahre sogar in den Rang eines theologischen Dogmas erhoben wurde. Es war die einzige Zeit, in der der Islam so etwas wie eine staatliche Inquisition kannte, die theologische Doktrinen einer ganz bestimmten Schule jedem anempfahl, widrigenfalls er bestraft werden konnte. Es war dies freilich nur ein Zwischenspiel, das der Kalif al-Mutawakkil um 850 beendete. Er ließ den prominenten Theologen Ahmad Ibn Hanbal frei, der die mu'tazilitischen Doktrinen vehement verworfen hatte und dafür inhaftiert worden war. Seither begann der Einfluß dieser Rationalisten wieder zu schwinden. Er blieb aber immerhin soweit erhalten, daß er die rechtgläubigen Lehren über die Willensfreiheit mitprägte. Für ihre Herausbildung ist der

Theologe al-Aschari (gestorben 935) verantwortlich, der als Mu'tazilite begann, später jedoch immer orthodoxer wurde. Er entwickelte eine interessante Theorie über die Willensfreiheit, in der Elemente der Mu'tazila mit solchen der Dschabriten kombiniert wurden. Es ist die Lehre vom „Erwerb der Handlungen durch den Menschen". Gott schafft zwar die Handlungen, präformiert sie gewissermaßen, bedingt sie, doch ihr endgültiger Erwerb (kasb, iktisab) geschieht durch den Menschen und seine Entscheidung. Al-Aschari glaubte, mit dieser Theorie beiden Seiten gerecht zu werden. Zwar hatte der Mensch eine gewisse Entscheidungsfreiheit, aber er war nicht demiurgisch frei.

Dies zeigt, daß großen Unfug redet, wer dem Islam durchgängig eine unabänderliche Schicksalsverfangenheit („Kismet") andichtet, wie das bis heute im Westen so oft geschieht. Allein das Wort „kismet" kommt in islamischen Traktaten über dieses Thema kaum vor. Zwar gab es immer strenge Prädestinianer, unter den Orthodoxen ebenso wie in der Mystik; doch die islamische Theologie insgesamt kennt sehr wohl die Verantwortlichkeit des einzelnen für seine Taten, mag auch die Lehre vom „iktisab" ihre philosophischen Unzulänglichkeiten haben. Bei den Schiiten konnte sich ohnehin der Einfluß dieses Rationalismus stärker durchsetzen. Die Mu'tazila ist dort bis heute sehr bekannt.

Die eigentliche islamische Philosophie, die falsafa, in der philosophische Elemente die theologischen eindeutig überwiegen, beginnt mit Abu Yusuf Ya'qub Ibn Ishaq al-Kindi, dem sogenannten „Philosophen der Araber", geboren um 800, gestorben gegen 870. Er entstammte dem südarabischen Stamm der Kinda, während seine Nachfolger in der philosophischen Tradition alle entweder Perser waren oder berberischer Abkunft.

Doch ist es überhaupt berechtigt, von einer islamischen Philosophie zu sprechen?

Dagegen ist oft eingewendet worden, manche Lehren dieser Philosophen hätten sich geradezu gegen den Islam gerichtet. Deshalb könne von einer islamischen Philosophie im Grunde nicht gesprochen werden. Der Einwand ist ebenso berechtigt wie jener, der vor der Verwendung des Begriffes „arabische Philosophie" warnt, denn bis auf al-Kindi hatten die Araber mit dieser Denkschule, der falsafa, tatsächlich wenig zu tun. Es ist vielleicht am besten, man nennt die falsafa eine „hellenisierende Philosophie im Islam, verfaßt in arabischer Sprache, von Denkern, die sich als Muslime verstanden". Freilich ist diese Definition etwas lang, so daß „islamische Philosophie" als Hilfsbegriff doch schon gerechtfertigt sein mag.

In al-Kindis Traktaten wird dieser Weg zum erstenmal begangen. Der Philosoph preist die Philosophie als Weg zur Wahrheit in den höchsten Tönen. Er ist vielseitig wie alle islamischen Philosophen und wie sein und ihrer aller Meister Aristoteles. Al-Kindi beschäftigte sich mit Physik, Metaphysik, Mathematik, Astronomie, Astrologie und Musik. Auch die Musik – ein interessanter, auf Pythagoras zurückgehender Gedanke – zählte damals offenbar noch zu den mathematischen Wissenschaften. Für die arabischen Denker war ein Bild des Kosmos maßgebend, das philosophisch von Aristoteles herrührte und von dem griechischen Astronomen Claudius Ptolemäus in seinem „Almagest" niedergelegt worden war. Der Kosmos war demnach unterteilt in die translunare Welt jenseits des Mondes und in die sublunare Welt. Die sublunare Welt ist die Dimension der Vergänglichkeit, von Entstehen und Verfall, während jenseits des Mondes, dort, wo sich die Sphären der Planeten befinden, die Welt des unabänderlichen Seins beginnt. Dieser Kosmos aus idealen Kreisen und Kugeln findet seinen Abschluß im Himmelsgewölbe, über dem Gott thront. Zwischen rationaler Erkenntnis und dem Glauben sieht al-Kindi keinen wirklichen Gegensatz: Es ist dem Menschen aufgegeben, seine Seelenregungen zu beherrschen und durch Erkenntnis der göttlichen Schöpfung, die von Rationalität und Zweckmäßigkeit bestimmt ist, den erkenntnishaften Teil der Seele zu veredeln. Gott ist der Eine und hat die Welt – daran hält al-Kindi in ganz orthodoxer Weise fest – aus dem Nichts, ex nihilo, geschaffen. Daß die geschaffene Welt nicht zeitlich sei, ist denkunmöglich. Die erkennende Seele ist der unsterbliche Teil jenes Mikrokosmos, als welcher der Mensch angesehen werden kann.

Daß al-Kindi ein wirklicher Philosoph war, zeigen seine Gedanken über Tod und Vergänglichkeit. Der Weise, der nach der intelligiblen Welt strebe, lasse sich davon nicht besonders beeindrucken. Die geschaffene Welt sei nun einmal eine Welt des Werdens und Vergehens. Jeder, der wünsche, daß es in dieser Welt die Sorge nicht gäbe, wünsche Unmögliches. Denn der Mensch ist nun einmal das lebende, denkende und auch sterbende Lebewesen. Im Ansatz ist das eine Antwort auf die Theodizee-Frage, wie sie in der westlich-christlichen Kultur cum grano salis Leibniz gegeben hat: daß ohne das Verfallensein an die Vergänglichkeit und das Unvollkommene geradezu niemand Anlaß habe, über die Größe der Welt nachzudenken. Die Welt wäre dann zwar fraglos heil, aber auch kontrastlos langweilig. Der Philosoph vertraut ganz auf das koranische Versprechen der Auferstehung der Leiber, dessen prinzipielle Möglichkeit al-Kindi zu beweisen versucht.

Mit al-Kindis Hinwendung zum griechischen Denken war für den Islam die Büchse der Pandora geöffnet. Die griechische Philosophie wurde für eine Reihe von islamischen Gelehrten zwischen Spanien, dem Hohen Atlas und dem fernen Buchara das „Sesam öffne dich" höherer Erkenntnis und tieferen Glaubens, freilich hier und da auch zu allerhand Zweifeln, die allerdings geistig fruchtbar werden konnten. Ganz in den Bann des Neuplatonismus gerieten nach al-Kindi zwei Denker, die schon der persischen oder wenigstens östlichen Kultur angehörten: Abu Bakr Muhammad Ibn Zakarijja al-Razi und Muhammad Ibn Muhammad Ibn Tarhan Ibn Uzlug al-Farabi. Razi, aus Rayy gebürtig, war iranischer Herkunft, Farabi stammte aus einem Dorfe in der Nähe von Samarkand und war Türke. Beide waren Universalgelehrte, Razi noch mehr als Farabi. Razi (der „Rhazes" des lateinischen Mittelalters) war eigentlich Arzt und wirkte in zwei großen Krankenhäusern, zunächst in seiner Heimatstadt in Persien, dann in der abbasidischen Metropole Bagdad.

Daß die meisten späteren Philosophen des Islams Ärzte waren, hatte zwei wichtige Folgen für ihr Denken, die schon bei Razi zu beobachten sind: Einmal ist das Element des Beobachtens – neben der fraglos vorhandenen rationalen Spekulation, die manchmal auch in das Absonderliche wuchert – schon relativ stark ausgeprägt. Die Arzt-Philosophen betrachten ihre Mitlebenden, die Natur und den Kosmos nicht allein mit abstrakten, spekulativen Augen, sondern nahe an den Lebensprozessen. Ein gewisser Naturalismus ist, bei aller Metaphysik, unverkennbar. Die zweite Folge hat mit dem Zweck ihres Denkens zu tun: Er ist zwar ein durchaus kognitiver, auf die Wahrheit zielender Erkenntnisprozeß, doch soll er auch konkret dem Menschen dienen, sogar dessen Gesundheit. „Von der Anschauung der Wahrheit zur Genesung der Seele", wie Ibn Sina es implizit formuliert hat, als er seinem wichtigsten philosophischen Buch den Titel „Buch der Genesung" (Kitab al-shifa) gab. Dieser therapeutische Zweck schwingt immer mit in den Traktaten der Philosophen des Islams. So auch bei Razi, der seiner Psychologie, seiner Seelenlehre, den Titel gab „Al-Tibb al- ruhani", etwa: „Von der geistigen, spirituellen Medizin".

Razi ist Platoniker, übernimmt jedoch auch andere philosophische Lehren, die er zu einer originellen Gesamtschau verbindet. Er ist unter den großen Philosophen des Islams wohl der am wenigsten orthodoxe. Er hält nichts von der Religion, soweit sie sich auf Offenbarung stützt. Die Offenbarung ist überflüssig, nur das Denken vermag zu den großen ewigen Wahrheiten über Welt, Mensch und Gott zu gelangen. In seinem Hauptwerk über die „fünf Prinzipien" legt er eine Metaphysik vor, die gleichzeitig Religionsphilosophie ist. Das Universum besteht aus fünf grundlegenden Prinzipien: Raum, Zeit, Materie, Seele und Gott. Anders als al-Kindi glaubt er nicht an die Schöpfung aus dem Nichts, vertritt aber auch nicht die Lehre von der Ewigkeit der Welt. Er versucht einen Kompromiß, indem er Gott und die immerseiende Materie zusammendenkt. Mit Hilfe eines aus der Gnosis übernommenen Mythos erklärt er die Schaffung der Welt durch Gott mit Hilfe einer Aktualisierung der Materie aus ihrer Potentialität. Dabei unterscheidet sich der Materie-Begriff Razis grundlegend von dem des Aristoteles. Er verwirft den Hylemorphismus, die Lehre von Stoff und Wesensform, und zeigt sich als Atomist. Wahrscheinlich ist sein Materie-Begriff dem des Demokrit nahe verwandt. Seine Theorie der Weltentstehung erinnert entfernt an die Auffassung des europäischen Philosophen Gassendi, der am Beginn der Neuzeit den Atomismus wiederbelebte und die Ansicht vertrat, wenn Gott allmächtig sei, könne er auch ein gänzlich materielles, aus Atomen bestehendes Universum geschaffen haben. Dem Mittelalter war die Idee, daß die Materie schöpferisch sei, übrigens weitaus weniger unbekannt, als heute vielfach vermutet wird. Dies hinderte aber niemanden daran, an Gottes Wirken zu glauben.

Interessant und überraschend modern sind auch die Vorstellungen Razis von Raum und Zeit. Er scheint so etwas zu kennen wie den Newtonschen absoluten Raum, aber auch einen anderen Raumbegriff, der mehr subjektiver Natur ist. Ebenso verhält es sich mit der Zeit. Die Zeit ist real, aber auch subjektiv, es gibt einen Punkt, da beide, Raum und Zeit, sich sogar durchdringen.

In seinem Werk über die „philosophische Lebensweise“ (sira al-falsafija) plädiert Razi dafür, die Lüste zu beherrschen, ohne freilich der Askese das Wort zu reden. Die nach Platon dreigeteilte Seele soll die Leidenschaften durch das Denken in den Griff bekommen. Keiner der islamischen Arzt-Philosophen hat im Grunde Verständnis für die von manchen Asketen des Islams praktizierte Ächtung des Leibes und seiner natürlichen, weil gottgewollten Bedürfnisse.

Al-Farabis Denken ist orthodoxer, obwohl er die bei den Frommen verpönte Ansicht vertritt, die Welt sei ewig, nicht ex nihilo geschaffen. Doch gegen die Offenbarung hat er nichts einzuwenden. Die Weltschöpfung ist eine dauernde Emanation der Dinge aus dem Einen, das mit Gott (Allah) gleichgesetzt wird, und zwar über eine Kette von zehn Intellekten bis herunter zum Menschen. Damit gibt al-Farabi endgültig das kosmologische Modell vor, an dem sich mit mehr oder weniger großen Abweichungen alle Neuplatoniker im Islam orientieren sollten. Der Philosoph nimmt im Prozeß der Erkenntnis den umgekehrten Weg: Das Denken ist ein Aufstieg von den sinnenfälligen Manifestationen des Einen in der geschaffenen Welt empor zum ersten Intellekt. In seinem bekanntesten und wirkmächtigsten Buch zeigt sich al-Farabi auch als wegweisender politischer Denker im Islam. Sein Werk „Ansichten der Leute des Musterstaates“ (kitab ara ahl al-madina al-fadhila) überträgt Platons politische Lehren, wie sie in dessen Politeia („Der Staat“) niedergelegt sind, ins islamische Milieu. Der Imam als Führer des islamischen Musterstaates wird in Analogie zu Platons Regenten-Philosoph gedacht, als Repräsentant eines Rationalismus, der die Gesellschaft durchwalten soll, nicht der Offenbarung. Es versteht sich, daß dieses auch von Aristoteles politischen Vorstellungen beeinflußte

Buch immer als das Gegenteil dessen empfunden wurde, was die Vertreter des Scharia-Islams, die Sakraljuristen, über Staat und Gesellschaft im Islam dachten.

In Abu Ali al-Husain Ibn Abdallah Ibn Sina (980 bis 1037), den das lateinische Mittelalter als Avicenna kennt, erlebt die falsafa einen weiteren Höhepunkt.

Auch er ist Arzt.

Griechische Philosophie, vor allem Aristoteles, alte persische, das heißt zarathustrische Lehren von Licht und Finsternis sowie der Islam und die Mystik gehen bei ihm eine Synthese ein, die bis heute schöpferisch weiterwirkt. Avicenna ist im zeitgenössischen Iran so populär, als lebte er noch. Ernst Bloch bezeichnet sein Denken, aus westlicher Sicht und deshalb stark verkürzt, als „linken Aristotelismus". Er will damit seine „Fortschrittlichkeit" zeigen. Das hat Ibn Sina freilich nicht nötig.

Avicenna ist der islamische Universalgelehrte schlechthin, geboren in Afschana bei Buchara, gestorben in Hamadan, wo ein Mausoleum an ihn erinnert.

Ibn Sina beginnt seine geistige Biographie unter den Samaniden von Buchara, deren Bibliothek er zur Weiterbildung nutzt. Selbst aus einer ismailitischen, das heißt schiitisch-heterodoxen Familie stammend, ist ihm esoterisches islamisches Gedankengut von vornherein vertraut. Auch die Lehren der Mystik prägen ihn von früher Jugend an. Man sollte bei allem Rationalismus, den man Ibn Sina zuweist, niemals vergessen, daß er auch von den Mystikern des Islams bis heute als einer der Ihren angesehen wird. Davon zeugt auch, daß er ein Buch mit dem Titel „Orientalische Wissenschaft", das leider verschollen ist, für sein wichtigstes Werk hielt. Vierzigmal will der frühreife Ibn Sina in seiner Jugend die Metaphysik des Aristoteles nach eigenem Bekunden gelesen haben. Doch erst ein Kommentar des al-Farabi habe ihm, wie er in seiner Autobiographie schreibt, zum vollen Verständnis des Werkes verholfen.

Ibn Sina, der auch Politiker an verschiedenen Fürstenhöfen war und in dem man eine den weltlichen Genüssen durchaus zugetane, starke Persönlichkeit zu sehen hat, expliziert in seinem „Buch von der Genesung" (der Seele) das aristotelische Weltbild mit der dazugehörigen Kosmologie. Wir haben es bei al-Farabi kennengelernt, einschließlich der Lehre von den Emanationen, die sich für einen auch von der Mystik geprägten Denker geradezu anbietet. In der stufenweisen Erkenntnis der Wahrheit ist auch ein heilender Aspekt verborgen.

Avicenna ist Hylemorphist, denkt sich die Seienden also aus Stoff und Form zusammengesetzt. Nach Bloch betont er das Stoffliche mehr als die metaphysische Wesensform, doch wird ihn deshalb niemand zum Materialisten machen können. Die platonische Ideenlehre scheint bei Avicenna in einer Form auf, die im christlichen Denken der Aristoteliker zwei Jahrhunderte nach ihm Thomas von Aquin aufgegriffen hat.

Platons Ideen sind identisch mit den Universalien, den Allgemeinbegriffen, um deren Seins-Charakter die Philosophen besonders im Mittelalter heftig stritten, aber auch noch heute ringen. Wo und in welcher Form existieren die Universalien, die Allgemeinbegriffe? Ibn Sina verbindet hier die Ansichten Platons mit denen des Aristoteles. Als gedankliche Urbilder sind die Universalien vor aller Erkenntnis, und zwar metaphysisch existent im Verstande Gottes als des Schöpfers der Dinge. Im Sinne des Aristoteles sind sie als konstituierendes geistiges Element in den geschaffenen Dingen selbst, bei denen man die Existenz von der Essenz zu unterscheiden hat, im Akt der Erkenntnis werden sie dann a posteriori im menschlichen Verstand manifest. Die Erkenntnis ist freilich auch bei diesem Denker mehr illuministisch aufgefaßt denn als bloße Abstraktion. Das ist das mystische Element, von dem kein persischer Denker frei ist. Erkenntnis als bloße Denkökonomie durch Abstraktion ist eine Erfindung erst späterer Zeiten und anderer, westlicher Räume. Intellekt bedeutet mehr als rationalistisches Klügeln, er ist ein „innerliches Lesen" (interlegere) der Wahrheit.

Als eine Art „Alleszermalmer", wenn auch zunächst vielleicht wider Willen und schweren Herzens, hat sich der große Theologe al-Ghazali erwiesen, der auch als Philosoph hervorgetreten ist. In ihm begegnen wir dem perfekten Intellektuellen des islamischen Mittelalters, der alle guten und alle schlechten Seiten dieser Spezies verkörpert. Bis heute scheiden sich an al-Ghazali die Geister: Während er dem traditionellen, orthodoxen Islam als die große Leuchte der islamischen Gelehrsamkeit gilt, als Denker, der eine gelungene Synthese aus islamischer Theologie, Scharia und Mystik geschaffen hat, gilt er anderen gerade deswegen als „Vater der Unbeweglichkeit" und Verursacher islamischer Erstarrung; er sei durch seine nahezu perfekte und umfassende Synthese verantwortlich für den Stillstand der islamischen Geistesgeschichte. Man könnte den Vorwurf vielleicht auch so formulieren: al-Ghazali war am Ende zu intelligent. Sein umfassender und durchdringender Geist schuf eine derart überzeugende Synthese, daß viele Muslime danach einfach zu fragen aufhörten. Die islamische Kultur verlor, weil sie perfekt erschien, ihren inneren geistigen Schwung (élan vital, um mit Bergson zu sprechen).

Abu Hamid Muhammad al-Ghazali stammte aus der ostpersischen Stadt Tus in Chorasan, wo er im Jahre 1058 geboren wurde. Nach umfangreichen und gründlichen Studien bei berühmten Lehrern machte al-Ghazali sozusagen eine Bilderbuch-Karriere: Er wurde an die Nizamijja-Universität in Bagdad, der kalifischen Hauptstadt berufen, und das nicht ohne Grund. Das Kalifat der Abbasiden wurde damals von heterodox-schiitischen Gruppen herausgefordert, für die stellvertretend die Fatimiden und die Qarmaten genannt sein mögen. Diese

Vertreter eines sozialrevolutionär inspirierten esoterischen Islams, deren Schulen man als „Batinijja“ (Bekenner eines esoterischen, inneren Islams) bezeichnet, stellten für das Kalifat zu Bagdad als Hüter der Orthodoxie eine Bedrohung dar. Die Batiniten, am radikalsten und entschiedensten repräsentiert wohl durch die Sekte der Assassinen, unterhielten im gesamten Nahen Osten ein System von Propagandisten und Predigern, die der Orthodoxie schwer zu schaffen machten. Die Assassinen schritten sogar zur Propaganda der Tat und begingen spektakuläre politische Morde. So töteten sie am Ende auch den bekannten Wesir Nizam al-Mulk, der die Hochschule Nizamijja ins Leben gerufen hatte. Als al-Ghazali dorthin berufen wurde, bekam er die Aufgabe, als Vertreter der orthodoxen Theologie die Batiniten zu bekämpfen. Dies tat er, wovon auch seine zahlreichen Schriften zeugen. Freilich konnte auch al-Ghazali nicht verhindern, daß die Assassinen den Wesir Nizam al-Mulk schließlich töteten.

Interessanter ist freilich die innere Biographie al-Ghazalis. Sie zeigt die Gedanken- und Seelenqual eines genial Begabten. Al-Ghazali hatte das gesamte theologische Denken durchforstet und sich auch eines ausgiebigen Studiums der falsafa befleißigt. In seinem Werk „Die Ziele der Philosophen“ (Maqasid al-falasifa) zeigte er, daß er die Tradition der islamischen Philosophie eingehend erfaßt und die Werke der Philosophen seit al-Kindi gründlich studiert hatte. Die Beschäftigung mit den Doktrinen des Rationalismus führte ihn freilich zu der Auffassung, daß die Glaubenswahrheiten mit den Mitteln der Philosophie nicht endgultig zu sichern seien. Er führte diese Meinung in seinem philosophie-kritischen Werk „Die Inkohärenz der Philosophen“ (tahafut al-falasifa) im einzelnen aus, wobei er vor allem den von den Philosophen verwendeten Kausalitätsbegriff kritisch anging. In einem Ansatz, der in manchem an die Kausalitätskritik des großen schottischen Philosophen David Hume erinnert, entzieht er diesem Begriff seine ontologische Grundlage. An die Stelle der natürlichen Kausalität scheint bei al-Ghazali so etwas zu treten wie ein jedesmaliges Eingreifen Gottes in das Naturgeschehen. Gott ist die einzige Wirkursache, eine Auffassung, die in der abendländischen Philosophie später bei Malebranche und Geulincx als Occasionalismus bezeichnet wird, weil Gott „bei Gelegenheit" (per occasionem) in das Geschehen eingreift. Man versteht, daß diese Lösung – zum Beispiel auch beim Leib-Seele-Problem oder bei den Fragen der moralischen Verantwortung des Menschen – zu schwerwiegenden, niederschmetternden Ergebnissen führen muß.

Al-Ghazali wurde durch die Beschäftigung mit der Philosophie in eine tiefe Krise gestürzt, die man nicht anders denn als metaphysische Verzweiflung bezeichnen kann. Diese persönliche intellektuelle Krise, die ihn bis in das Tiefste seines Wesens aufwühlte, hat er in seiner Autobiographie „Der Erretter aus dem Irrtum" (al-Munqidh min al-dalal), einem für die damalige Zeit höchst subjektiven, einmaligen Werk, ergreifend geschildert. Der Denker überwand seine Glaubenskrise mit Hilfe des Sufismus. Er gesundete durch eine Hinwendung zur Religion des Herzens, die nichts mehr zu beweisen versuchte, sondern innerlich erfahren wollte. Al-Ghazali rettete sich so in einen subjektiven Fideismus und Quietismus und fand wohl auch am religiösen Gesetz eine Stütze. In seinem umfangreichen theologischen Hauptwerk, das bis heute kanonische Bedeutung beansprucht, der „Wiederbelebung der Religionswissenschaften" (Ihja' ulum al-din), versucht al-Ghazali, wie wir oben bemerkt haben, eine Versöhnung von orthodoxer Gesetzesreligion und gemäßigter Mystik. Über genau diese Synthese, die den klassischen Islam abzurunden scheint, streiten sich bis heute die Geister.

Daß das Buch der Natur mit mathematischen Gesetzen, mit Zahlen und Größen geschrieben sei, lehrte keineswegs Galilei als erster. Die Mathematik war vielmehr die Grundwissenschaft, die Propädeutik, für all jene islamischen Denker, die man unter dem Namen „Lautere Brüder von Basra" zusammengefaßt hat. Aus der Mitte des 10. Jahrhunderts sind von ihnen 51 philosophische Traktate überliefert, die eine Summe des damals vorhandenen Wissens sowie der philosophischen Spekulation darüber enthalten. Die „Lauteren Brüder" geben bis heute gewisse Rätsel auf, können jedoch mit großer Wahrscheinlichkeit als ein Intellektuellen-Zirkel verstanden werden, der die Ergebnisse der Naturwissenschaft ihrer Zeit auf der Grundlage der griechischen Philosophie und heterodox-ismailitischer Doktrinen verarbeitete. Durch die Hervorhebung der Mathematik erhält bei ihnen Pythagoras ein großes Gewicht. Die Lauteren Brüder von Basra vertreten in ihren Schriften einen großen Naturalismus; möglicherweise sind darin schon Spuren einer Entwicklungslehre zu entdecken. Dies glaubte jedenfalls Friedrich Dieterici, der ihre Traktate übersetzt und herausgegeben hat.

Als direkte Gegenspieler al-Ghazalis können die drei großen andalusisch-maghrebinischen Philosophen des 12. Jahrhunderts angesehen werden: Ibn Baddscha, Ibn Tufail und Ibn Ruschd (Avempace, Abubacer, Averroes bei den mittelalterlichen Lateinern). Alle drei Denker halten es für möglich, daß der Mensch qua Vernunft die höchsten Wahrheiten erkennt. Ibn Ruschd, der 1198 gestorben ist, nachdem seine Schriften unter der religiöseifernden Dynastie der Almohaden in Spanien verbrannt worden waren, entwirft in seiner Schrift Tahafut al-taha fut, die „Inkohärenz der Inkohärenz", in direkter Auseinandersetzung mit der philosophischen Skepsis al-Ghazalis eine Art erkenntnistheoretisches Gegenmodell, das auf der Metaphysik und anderen Werken des Aristoteles gründet. Ibn Ruschd wird auch der wichtigste mittelalterliche Kommentator des Aristoteles, von dessen Ansichten die großen christlichen Scholastiker vieles lernen. Diese Kommentare des Averroes, der in Cordoba lebte, wo er als Arzt und Wesir tätig war, bis man ihn vertrieb, sind uns in lateinischer Sprache überliefert. Wie bei vielen der mittelalterlichen Denker sind die arabischen Originale verlorengegangen.

Außer der „Tahafut“ kennen wir noch drei arabisch verfaßte Traktate Ibn Ruschds, von denen das „Kitab fasl al maqal“ („Die entscheidende Abhandlung“) der bekannteste ist. Den andalusischen Denker beschäftigte, nicht nur in diesem Werk, vor allem das Verhältnis zwischen Religion und Philosophie, die Frage, inwieweit sie zu versöhnen seien. In letzter Zeit ist auch in der europäischen Philosophiegeschichte um das Werk des Averroes ein neuer Disput entstanden, ob nämlich der Denker den Widerspruch zwischen Glauben und Wissen mit Hilfe eines Tricks gelöst habe: dem der sogenannten doppelten Wahrheit („duplex veritas“). Diese Theorie geistert seit den Averroes-Forschungen von Ernest Renan aus den fünfziger Jahren des vorigen Jahrhunderts durch die europäische Philosophie, von dort drang sie in das arabische Denken ein. Die Theorie besagt schlicht, daß es zwei Wahrheiten gebe, die sich nicht widersprechen können, eine religiöse und eine philosophische. Was religiös wahr sei, könne ruhig philosophisch falsch sein, und umgekehrt. Auch die christlichen Denker des Hochmittelalters schrieben dem Averroes diese Lehre einer doppelten Wahrheit zu, die vor allem im sogenannten christlichen Averroismus der Pariser Artistenfakultät vertreten worden sei, von Siger von Brabant und seinen Schülern.

Der zeitgenössische arabische Philosoph Abdal Rahman al-Badawi, ein Ägypter, konstatiert demgegenüber, daß er in keiner Schrift des Ibn Ruschd auch nur annähernd so etwas entdeckt habe wie die Lehre von der doppelten Wahrheit. In der Tat wäre Averroes ein schlechter

Philosoph gewesen, wenn er eine solche Ungeheuerlichkeit vertreten hätte. Doch der Sachverhalt ist schwierig und komplex. Es spricht manches dafür, daß Ibn Ruschd die Auffassung vertrat, die religiöse Sprache enthalte in bildhafter Form jene Dinge, die der Verstand erkennen könne und dann in Begriffe fasse. Dies klingt schon wesentlich anders. Zudem wurde von Friedrich Niewöhner vorgeschlagen, das Element des „ta'wil" in die Debatte einzubringen. Unter ta'wil versteht man im Islam die esoterische Auslegung von Koranversen, die nach dieser Auffassung einen verborgenen Sinn enthalten, neben dem offenkundigen, äußerlichen, exoterischen. Auch von dieser hermeneutischen Technik her böte sich ein Weg, die Auffassung Ibn Ruschds zu verstehen, die zu jenem Mißverständnis von der doppelten Wahrheit führte.

Ähnlich kompliziert ist die dem Averroes zugeschriebene Lehre von der Einheit des Intellekts. Der Geist ist nur kollektiv-einer, so daß er mit dem individuellen Tod vergeht. Sie wirkte im Mittelalter so stark, daß Thomas von Aquin sich veranlaßt fühlte, eine Schrift darüber zu verfassen: De unitate intellectus contra Averroistas, gegen die Averroes-Anhänger. Was meinte Ibn Ruschd mit dieser Doktrin? Faßte er die Vorstellung eines einheitlichen Intellektes ontologisch oder erkenntnistheoretisch auf? Im ersten Fall bedeutete sie tatsächlich eine Leugnung der Unsterblichkeit der Seele, wie Thomas und viele andere das mit ihm verstanden; im zweiten Falle könnte man sie dahingehend interpretieren, daß für alle Menschen ein und derselbe Intellekt vorhanden sei und daß dieses die Gewähr dafür biete, daß man vernünftig miteinander kommunizieren, insbesondere Philosophie betreiben könne.

Averroes, der so vernünftige Ansichten wie die gänzliche Gleichberechtigung der Frau in einer islamischen Gesellschaft verfocht, bleibt ein spannender Denker, der seine Zukunft vielleicht noch vor sich hat. Seine beiden

Vorgänger waren auch seine Lehrer. Interessanter als Ibn Baddscha, der eine Intellekt-Lehre verfocht, die diejenige des Averroes beeinflußt haben könnte, ist Ibn Tufail, der mit seinem berühmt gewordenen philosophischen Roman tief in das christliche Abendland hineingewirkt hat, obschon dies den wenigsten bekannt sein dürfte. In diesem philosophischen Roman zeigt sich Abu Bakr Ibn Tufail, 1105 in einem Dorf bei Granada geboren, als Religionsphilosoph und Aufklärer von hohen Graden. Der Titel des Werkes klingt etwas rätselhaft: Hayy Ibn Yaqzan, „Der Lebende, Sohn des Wachenden". Er stammt aus der Überlieferung Avicennas, der sozusagen den philosophischen „Plot" geliefert hat. Mit dem „Lebenden" ist der erkenntnishafte Intellekt des Menschen gemeint, der die Welt stufenweise erschließt. In Europa bekam der Text dieses Romans den Titel „Philosophus autodidactus" und wurde möglicherweise zum Vorbild für Daniel Defoes Roman „Robinson Crusoe".

Auf einer tropischen Insel wird ein kleines Kind gefunden, das von einer Gazelle gesäugt wird. Das Kind, Hayy, der Lebende, ist der einzige Mensch auf diesem verlassenen Eiland. Er ist nur umgeben von Fauna und Flora. Der junge Mann lernt im Laufe der Zeit, mit der Natur zu leben, seine Nahrung zu finden und den Lebensunterhalt durch praktische Vernunft zu sichern. Doch dann stirbt seine Mutter, die Gazelle. Ihr Tod wird zum Wendepunkt in Hayys Existenz, und man fühlt sich an Schopenhauers Diktum erinnert, daß der Tod der eigentliche Musaget der Philosophie sei. Hayy beginnt, über die nichtmateriellen Dinge nachzudenken. Er seziert die Leiche seiner Mutter und erkennt, daß das Lebensprinzip aus ihrem Körper entwichen ist: der Geist. Nun beginnt seine philosophische Reflexion. Durch Beobachtung der Natur und Nachdenken über sie entdeckt er philosophische Prinzipien wie Einheit, Vielfalt, Universalität, Kausalität. Dies führt ihn zu Überlegungen über den Ursprung der Welt, der in einer notwendigen ersten Ursache zu suchen ist, unabhängig davon, ob vor der Zeit oder in jeder Zeit. Das höchste Ziel des Intellekts ist es, die erste Ursache, Gott, zu erkennen. Noch höher anzusiedeln ist freilich die Schau Gottes, die durch das Denken alleine nicht zu erreichen ist, sondern durch Askese und mystische Kontemplation.

Der Weg dieses philosophischen Romans ist klar: zu zeigen, wie der Mensch, beginnend mit der sinnlichen Wahrnehmung der Dinge, auf rationalem Wege fortschreiten kann zu höheren Erkenntnissen der Natur und der Übernatur, die freilich letzten Ende ein mystisches Geheimnis ist, das sich nur der inneren Schau erschließt. Von religiöser Offenbarung ist hier nirgendwo die Rede. Tatsächlich hat der Philosoph Ibn Tufail so etwas vorgelegt wie eine natürliche Religion, in der Vernunft und Geheimnis zusammengedacht werden, ohne daß man sich auf die unbefragte Autorität der Prophetie und der Offenbarung verläßt. In einem Anhang zu seinem Werk, der Geschichte von Salman und Absal, vetritt Ibn Tufail offenbar den Standpunkt, daß die Offenbarungs-Religion (gemeint ist natürlich vor allem der Islam) in einer mehr bildhaften Sprache all jenes enthält, was Hayy durch Empirie und Denken an Erkenntnissen gewonnen hat. Die Sprache der religiösen Offenbarung ist eine repräsentative, nur Philosophen sind imstande, dasselbe in rein philosophischer Begrifflichkeit zu begreifen. An diesem Punkt wird vielleicht ebenfalls deutlich, warum Ibn Tufails Schüler Averroes mit der Idee einer doppelten Wahrheit in Verbindung gebracht werden konnte.

Mit Ibn Tufail und Averroes erlosch das philosophische Denken in Andalusien weitgehend, wohl unter der fanatischen Herrschaft der Almohaden. Interessant ist freilich, daß auch die jüdische Philosphie im maurischen Spanien sich ganz im Umkreis dieser islamisch-griechischen Religionsphilosophie bewegte, so bei Ibn Gabirol, einem jüdischen Denker und Zeitgenossen der drei Maghrebiner, der bis in das vorige Jahrhundert hinein als arabischer Philosoph galt, bis man herausfand, daß er Jude war. Der berühmteste jüdische Religionsphilosoph, Maimonides, lebte eine Zeitlang in Cordoba, der Stadt des Averroes, bevor er nach Fes und schließlich nach Kairo auswanderte.

Am Ende dieser tour d'horizon über das islamische Denken muß die Überlegung stehen, was diese intellektuellen Traditionen dem heutigen Islam bedeuten können. Ohne Zweifel sind viele der Inhalte dieses Denkens obsolet geworden, wie das ja auch bei den philosophischen Traditionen anderer Kulturen und Schulen der Fall ist. Die gesamte Kosmologie, die sich auf Aristoteles und Ptolemäus stützte, ist Geschichte geworden. Die Harmonisierung von Religion und philosophischem Denken, die den meisten der falasifa durchaus vorschwebte, ist nicht so einfach, wie man damals vermutete. Es gibt, spätestens seit Kant, berechtigte Zweifel daran, ob sie in landläufiger Weise überhaupt gelingen kann, denn Religion und Philosophie sind nun einmal zwei verschiedene Weisen menschlicher Erfahrung, Existenzerweiterung und Weltbetrachtung.

Es ist freilich deutlich, daß der Islam selbst zahlreiche Elemente einer Aufklärung in sich trägt, eines Rationalismus, der zu seiner intellektuellen Modernisierung beitragen könnte. Er bedarf hier keiner Entwicklungshilfe aus dem Westen, es sei denn, sie werde von den Muslimen selbst verlangt und entsprechend verarbeitet. Dies ist tatsächlich öfter der Fall, als man denkt. Es gibt so leicht kein aufsehenerregendes philosophisches Werk des Westens, das nicht auch alsbald in der islamischen Welt übersetzt würde. Darin besteht das Problem nicht. Hinderlich ist zunächst und vor allem, daß solche Werke (noch) nicht wirklich in geistiger *Freiheit* wahrgenommen werden können, sondern eher oberflächlich rezipiert werden. Dabei verpufft dann die Wirkung, die sie auf das Geistesleben haben könnten, zumal es sich um einen Import aus dem Ausland handelt. Noch befremdlicher ist allerdings, daß die Orthodoxie oft genug auch gegen den eigenen philosophischen Rationalismus vorgeht, obwohl dieser, wie wir gesehen haben, die islamische Kultur über Jahrhunderte hinweg begleitete. In Iran besteht sogar bis zum heutigen Tag eine philosophische Denkrichtung, die sich auf Avicenna und einige Erneuerer seiner Philosophie im 16. Jahrhundert, wie Mullah Sadra Schirazi (gest. 1640), bezieht. Man nennt dieses Denken, das mehr eine Theosophie als eine Philosophie im westlichen Sinne ist, „Gnosis" (irfan). Persische Reformdenker, die daran in moderner Weise anknüpfen wollen, geraten heute nicht selten in die Mühlen der Justiz, obschon sie nichts anderes wollen, als die islamisch-schiitische Kultur zu beleben.

Die Vertreter der falsafa verfechten die Meinung, daß der Mensch das Kostbarste benutzen müsse, was Gott geschaffen hat: den Verstand. Darin sind sie alles andere als unorthodox. Erstaunlich ist ihr Bestreben, Welt und Überwelt, Offenbarung und Erkenntnis zusammenzudenken zu einer Synthese, die bei Ibn Arabi, dem großen Einheitsdenker des Islams, und Ibn Tufail, aber auch bei Ibn Sina und al Razi eine beeindruckende systematische Einheit des Wirklichen, das metaphysisch und konkret zugleich ist, darstellt. Auch im politischen Denken fordert der Rationalismus sein Recht, ohne daß die Religion aufgegeben würde, wie ein allzu ängstlicher Orthodoxie-Begriff vielleicht glauben mag. Dies bedeutet, wie gesagt, nicht, daß alle Widersprüche aufgelöst werden könnten; ganz im Gegenteil. Wer sich von Religion eine gänzlich fraglose Wahnwelt des schönen Scheins und der Gewißheit erhofft, in die kein Pfeil des Zweifels je eindringen kann, bedarf keiner Philosophie. Man muß ihn dann allerdings fragen, inwieweit man ihn überhaupt noch als denkendes Wesen (animal rationale) ansprechen kann. Man muß auch verstehen, was man glaubt. Unreflektierter Glaube macht blind. Blinder Glaube erzeugt Aggressivität und das Gegenteil jener Werte, für die der reflektierte Glaube eintritt und deren Rechte er, neben dem rein praxisbezogenen Handeln, fordert.

Die islamische Philosophie zeichnet sich neben ihrem spekulativen, vom Neuplatonismus überkommenen Charakter auch durch einen relativ großen Naturalismus aus, durch eine nicht zu leugnende Nähe zur Naturwissenschaft, wie man sie damals betrieb. Schon oft ist bemerkt worden, daß es gerade der Islam war, der – im Unterschied zu den abstrakt begabten Griechen – in der Wissenschaft das Experiment besonders förderte. Neben den Leistungen in Theologie, Philosophie und Literatur, dazu Baukunst und Kalligraphie stehen diejenigen in Medizin, Mathematik, Astronomie, Chemie, Physik (besonders der Optik) und Biologie. Angewandt wurden diese Kenntnisse zum Beispiel in einer hochentwickelten Technik des Wasserbaus. Wer sich mit der Geschichte der Landwirtschaft in Andalusien, mit der dort von den Mauren betriebenen künstlichen Bewässerung beschäftigt, weiß dies ebenso wie derjenige, der die „hängenden Gärten" der Alcazare in Sevilla oder Cordoba besucht. In Theorie und Praxis bildete das maurische Andalusien gewiß einen der Höhepunkte der islamischen Zivilisation.

Der Islam ist fähig, aus sich heraus eine Wiedergeburt einzuleiten, die seine Islamität wahrt. Er könnte damit eine Entwicklung nachholen, die ihn durch Erstarrung seit etwa einem knappen halben Jahrtausend gelähmt und gegenüber anderen Kulturen, vor allem der westlichen, in die Defensive gebracht hat. An die falsafa anzuknüpfen – mehr der Intention und dem Geist nach als dem Inhalt – könnte *ein Weg* zu dieser Wiedergeburt sein. Oder sollten die Muslime vor einem Jahrtausend mutiger gewesen sein als heute? Es grassiert nämlich die Furcht, am Ende könne es dem Islam durch Aufklärung so ergehen wie der westlichen Welt. Daran ist gewiß richtig, daß sich das Verständnis von Religion als einem blinden Glauben zwangsläufig wandeln muß, wenn sie durchdacht sein will. Das ist, gerade heute, für manche wieder eine *Zumutung*. Es ist Sache der Muslime, alle ihre Traditionen auf ihre Brauchbarkeit für Modernisierungsschübe in der Gesellschaft zu überprüfen. Dieser Zwang wird auch zunehmen, je erfolgreicher man das Analphabetentum bekämpft. Doch die Muslime allein müssen entscheiden, ob sie auch Anregungen von der falsafa übernehmen wollen oder nicht.

Dies geschieht auch schon. Die deutsche Arabistin Anke von Kügelgen hat vor einiger Zeit in einer umfangreichen Arbeit die verschiedenen Weisen gezeigt, in denen sich die arabische Moderne seit dem Ende des vorigen Jahrhunderts, das heißt seit der „Nahda“ oder arabischen Wiedergeburt, zum Beispiel wieder mit dem Werk und Erbe des Ibn Rushd beschäftigt hat. Dabei wurde freilich auch sichtbar, wie groß gegebenenfalls noch immer die Widerstände sind, sich dieser Herausforderung durch die Vernunft zu stellen. Erbitterte Gegner des Rationalismus, die in ihm den Anfang vom Ende orthodoxer islamischer Lehren sehen, stehen vehementen Befürwortern gegenüber. Anspruch und Wirklichkeit klaffen auch hier noch weit auseinander.

Dies zeigt zum Beispiel auch der von Muslimen geführte Streit um das Buch des französischen Philosophen Roger Garaudy „Verheißung Islam“. Darin wirbt dieser Konvertit – der merkwürdigste von allen, die in den vergangenen Jahren zum Islam übergetreten sind, da er vorher zuerst Stalinist, dann Reformkommunist, schließlich Katholik gewesen war – für eine Erneuerung des Islam durch die von uns skizzierte Philsosophie. Doch der Herausgeber des Buches, ein orthodoxer Muslim, vermerkt in der deutschen Fassung an vielen Stellen, die betreffende

Lehre sei nicht „rechtgläubig" und habe mit dem Islam nichts zu tun. Die Vorstellung, daß der Islam Gesetz und unbefragtes Wort sei und nichts außerdem, ist in solchen Kreisen noch immer übermächtig. Ebenso die Ansicht, daß es nur eines Zurück zu einer sogenannten guten alten Zeit bedürfe, in die frühislamische Epoche der ersten Kalifen oder der Imame, soweit es die Schiiten betrifft. So wird die islamische Welt, auch politisch, zerrissen von Visionen, die – wie in der Türkei Atatürks – nach vorne weisen, oder, wie im Falle Irans, sich zunächst am Vergangenen orientieren und darauf aufbauen wollen. So betrachten wir einmal diese beiden Länder, die heute als die politisch-gesellschaftlichen Antipoden des Islams bezeichnet werden können.

Ein Glaube – drei Kulturen

Über den Islam in der Türkei

Mehr als neunundneunzig Prozent der Türken sind Muslime. Diesen lapidaren Satz stellen viele Reiseführer an den Beginn ihrer Ausführungen über die Religion im heutigen Kleinasien und im europäischen Teil der Türkei. Er sagt nicht viel aus, wenn man keinerlei Vorkenntnisse hat. Wer hingegen um die Vielfalt und Ausdifferenziertheit der Glaubensvorstellungen und um die religiöse Dynamik in der heutigen Türkei weiß, kann mit ihm schon eher etwas anfangen.

Eine Religionsstatistik aus der Zeit der Jahrhundertwende zum Beispiel, als es das Osmanische Reich noch gab, hätte sehr viel anders ausgesehen. Damals waren noch zwanzig Prozent der Bürger, der Untertanen des Sultans und Padischah, Nicht-Muslime, „Schutzbefohlene" des Islams (gayrimüslüm). Zu ihnen zählten, um nur die wichtigsten zu nennen, die Juden, die Griechen, die Armenier, aber auch die syrischen Christen, die Süryani oder Assyrer, dazu noch etwa zwanzig andere Minderheiten, die alle religiös definiert waren.

In der heutigen Türkei beträgt der Anteil der Nicht-Muslime an der Bevölkerung etwa ein Promille. Das sagt weniger über den Islam aus als über die bewegte Geschichte der Türkei in diesem Jahrhundert. Die Revolution unter Mustafa Kemal Atatürk (1881 bis 1938), die aus dem islamisch geprägten Osmanischen Reich einen türkisch geprägten Nationalstaat, die Türkische Republik, machte, fand auch auf dem Rücken der Minderheiten statt, die das Land entweder wegen der unsicheren Zeitläufe verließen oder als Resultat eines vertraglich vereinbarten Bevölkerungsaustauschs ihre alte Heimat aufgaben. Nach den Vertreibungen der letzten griechischen Gruppe im Jahre 1955 aus Istanbul beträgt die Zahl der dem orthodoxen Patriarchat unterstellten türkischen Staatsbürger christlich-orthodoxen Glaubens nur noch etwas mehr als viertausend. Hinzu kommen etwa 70 000 Armenier und einige tausend Christen im südostanatolischen Tur Abdin. Eine kleine jüdische Gemeinde in Istanbul pflegt traditionell gute Beziehungen mit der Staatsmacht.

So etwa sieht die Religionsstatistik der heutigen Türkei aus. Wer mehr wissen will, ist weitgehend auf Spekulationen angewiesen, schon deshalb, weil sich das Land in den vergangenen zwanzig Jahren rasch verändert hat. Durch Verstädterung zumal haben sich die Verhältnisse verschoben, und auch der Islam hat sein Gesicht geändert. Trotzdem kann nach wie vor eine alte Einteilung als gültig angesehen werden. Sie spricht von drei religiösen Kulturen innerhalb ein und desselben Glaubens. Es sind: der städtische Islam kemalistischer Provenienz, der anatolisch-orthodoxe Islam sunnitisch-hanefitischer Richtung und der anatolisch-heterodoxe Islam der Aleviten.

Doch wie kam der Islam überhaupt nach Kleinasien?

Stichdatum ist das Jahr 1071. Damals besiegte das Heer des seldschukischen Sultans Alparslan, von Osten kommend, bei der Stadt Malazgird nahe dem Van-See die Streitmacht des byzantinischen Herrschers Romanos Diogenes vernichtend und flutete nach Anatolien hinein. Dies war der Beginn einer Massenbesiedlung Anatoliens durch türkische Nomaden, die ursprünglich in den Steppen östlich des Kaspischen Meeres aufgebrochen und über Iran bis in den Osten Kleinasiens vorgedrungen waren. Es war auch der Beginn einer großflächigen Islamisierung, die bis zu ihrer Vollendung in manchen Gebieten überraschend lange andauerte. Dies hatte auch mit dem zunächst noch lockeren Verhältnis der türkischen Nomaden zum Islam zu tun, denn es war erst wenige Generationen her, daß türkische Stämme sich in großer Zahl zum Islam bekehrt hatten. Zuvor waren sie Schamanisten oder Buddhisten gewesen.

Der Aufstieg der Türken zur Weltmacht vollzog sich jedoch ganz im Zeichen des Islams. Es sind vor allem fünf türkische Dynastien, die in den folgenden Jahrhunderten die Geschicke des Islams bestimmten: die Seldschuken und Osmanen in der Türkei, die Mameluken in Ägypten, die Safawiden in Iran und die Mogul-Herrscher in Indien. Von diesen fünf Herrscherhäusern waren nur die Safawiden von Iran Schiiten, die übrigen nahmen das sunnitische Bekenntnis an und wurden zu dessen wichtigsten Repräsentanten. Man kann ohne Übertreibung sagen, daß es Türken waren, die das sunnitische Bekenntnis vor dem Ansturm schiitischer Lehren gerettet haben, denn noch nach der Jahrtausendwende hatten heterodoxe schiitische Dynastien wie die Fatimiden oder die Qarmaten am Golf und auf der Arabischen Halbinsel das sunnitische Kalifat in Bagdad tödlich herausgefordert.

Im Osmanischen Reich, das um 1300 von Osman Ghazi begründet wurde und auf dem Höhepunkt seiner Machtentfaltung von der südlichen Ukraine bis in den Jemen und von der algerischen Westgrenze bis zum Kaukasus herrschte, wurde der sunnitische Islam zur Reichsidee. Die Türken übernahmen die auf Abu Hanifa zurückgehende und nach ihm benannte hanafitische Rechtsschule, eine der vier Interpretationen der Scharia, des religiösen Rechts, die immer als relativ tolerant angesehen wurde. Die Herrscher ergänzten die Scharia durch traditionelles türkisches Recht. Vor allem Mehmet Fatih, der Eroberer Konstantinopels, und Süleyman I. taten sich dabei hervor, was letzterem den ehrenden Beinamen „Kanuni", der Gesetzgeber, eintrug.

Unter Selim I. übernahm der osmanische Sultan zu

Beginn des 16. Jahrhunderts auch den Titel des Kalifen, stellte sich damit direkt in die Tradition der vergangenen großen Dynastien der Sunniten, das heißt der Omajjaden von Damaskus und der Abbasiden von Bagdad. Als Kalif war der Sultan weltlicher wie geistlicher Herrscher der Türkei. Exekutiert wurde der sunnitische Reichsislam durch die Kaste der ulema, der Schriftgelehrten, deren höchster der Scheichülislam zu Konstantinopel/Istanbul war. Er war der höchste Mufti des Reiches, der für die Provinz-Muftis und für die Kadis, die Richter überall im Reich, autoritative Vorschriften durch seine Rechtsgutachten abgab.

Obschon die Osmanen dem Sunnitentum zum Sieg verholfen hatten, blieb doch die religiöse Landschaft des Reiches, Kleinasien eingeschlossen, recht vielfältig. Allein die Zahl der christlichen Untertanen des Sultans nahm mit den Eroberungen ständig zu, vor allem auf dem Balkan und in Griechenland. Hinzu kamen die Abweichler unter den Muslimen. Zwar hatte Selim I. im Jahre 1514 in der Schlacht bei Çaldiran die heterodoxen Schiiten der Kizilbaş vernichtend geschlagen, doch blieben unorthodoxe schiitische Elemente in Teilen Anatoliens immer präsent. Sie wurden ein wichtiges Ferment des ostanatolischen Volksislams. Bis heute sind die Aleviten seine wichtigsten Vertreter.

Wachsende Bedeutung gewannen im Osmanischen Reich auch die Tarikas, die Bruderschaften und mystischen Orden, von denen ein Teil, wie Franz Taeschner es beschrieben hat, auch mit den Handwerkergilden zusammengeschlossen war. Diese Ahi oder Fütüvvet-Bünde strukturierten sogar zum großen Teil die männliche Bevölkerung Kleinasiens, da am Ende des Osmanischen Reiches jeder dritte männliche Untertan des Sultans Mitglied in dem einen oder anderen Orden, in der einen oder anderen Bruderschaft war. Die Zahl dieser religiös–mystischen Gemeinschaften nahm ständig zu, und ihr

Einfluß war auf dem flachen Lande bestimmt ebenso groß wie der der sunnitischen Reichsreligion. Die mystischen Orden stehen für so etwas wie eine innere Dimension des Islams, ihre Anhänger strebten und streben danach, durch gewisse meditative Praktiken Gott innerlich zu erfahren, das heißt in Form religiöser Ekstase den Gesetzesislam zu überwinden. Gleichzeitig boten die Bruderschaften auch einen wichtigen sozialen Zusammenhalt, viele waren bekannt für ihr soziales Engagement.

Unter der großen Zahl der bündisch organisierten Orden in der Türkei sind besonders zu erwähnen:

1. Die Mevlevis mit ihrem Stammsitz in Konya. Sie gehen auf den mystischen Dichter und Denker Mevlana Celalettin Rumi (1207 – 1273) zurück, der in seldschukischer Zeit gelebt und gewirkt hatte. Eigentlicher Ordensgründer ist sein Sohn Sultan Veled. Die Mevlevis waren ein ausgesprochener Intellektuellen-Orden, kontemplativ-philosophisch ausgerichtet, der den mystischen Reigentanz (Sema) pflegte und auch das Privileg besaß, einen neuen Sultan mit dem Schwert Osmans zu gürten, was der Krönungszeremonie des christlichen Westens entsprach. Ansonsten stellten die Mevlevis viele Gelehrte und Poeten.

2. Die Bektaschiş mit ihrem heterodoxen Gedankengut, das dem Schiitentum entstammte. Sie gingen auf den im 13. Jahrhundert in Zentralanatolien wirkenden heiligen Haci Bektaş Veli zurück und waren mit dem volkstümlichen Alevitentum verflochten. Wir werden auf diese Gruppe bei der Darstellung des Islams in der zeitgenössischen Türkei noch zurückkommen. Die Bektaschis jedenfalls wirkten als Feldprediger unter den Janitscharen, der Elitetruppe des osmanischen Heeres, die aus der sogenannten Knabenlese (devşirme) hervorgegangen war.

Neben diesen beiden Tarikas, die für zwei Extreme stehen – hier ein Intellektuellen-Orden, dort Volksmystik schiitischer Prägung –, bildeten auch sozusagen „gesamtislamische“ Orden, die in großen Teilen des dar al-islam, in Mittelasien ebenso wie in Indien, verbreitet waren, einen Bestandteil der religiösen Organisation im Osmanischen Reich: die Kadiri, die Nakşbendi, die Rifai, die Ticani und die Halveti-Derwische, die einen besonders quietistischen, kontemplativen Stil pflegten. Als ihr Widerpart können die Nakşbendi angesehen werden, die auch immer wieder bereit waren, zur Waffe zu greifen, um den Islam zu bewahren. Noch der berühmt-berüchtigte Kurdenaufstand des Scheichs Said im Jahre 1925 war im Grunde ein Aufruhr, der von der Tarika der Nakşbendi getragen wurde. In osmanischer Zeit wurden die Nakşbendi auch als Antithese zu den Bektaşi gesehen. Als Sultan Mahmud II. im Jahre 1826 den Bektaşi-Orden offiziell auflöste, übereignete er dessen Eigentum weitgehend den Nakşbendi.

Das Osmanische Reich verwirklichte einen islamischen Staat sunnitisch-orthodoxer Prägung, mit dem Sultan und Padischah als „Schatten Gottes auf Erden“, in dem gleichwohl Bruderschaften und andere heterodoxe Elemente eine nicht unwichtige Stellung innehatten und großen Einfluß entfalteten. Hinzu kam, daß auf dem Höhepunkt der Eroberungen die Zahl der christlichen Untertanen fast die Hälfte der Bewohner des Reiches ausmachte. Dieser Anteil wurde später wieder zurückgedrängt, doch blieben die Juden und Christen als „Schutzbefohlene“ (zimmi) des Islams zahlenmäßig umfangreich.

Im 19. Jahrhundert änderte das Reich seinen Charakter, als Ideen aus dem Westen Einfluß erhielten und in die beiden großen Reformerlasse von 1839 und 1856 Eingang fanden. Zwar verlor das Osmanische Reich keineswegs den Charakter eines religiös-universalen Staates, doch offiziell bekamen unter dem Druck der europäischen Öffentlichkeit die nicht-muslimischen Minderheiten annähernd den gleichen Status wie die Muslime. Freilich stand diese Regelung mehr auf geduldigem Papier, als daß man sie immer und überall zu verwirklichen trachtete. Selbst die jungtürkische Revolution von 1908, die sich die endgültige Umsetzung der Reformerlasse zum Ziel gesetzt hatte, scheiterte bald an ihrem Osmanismus, der insgesamt doch entschieden muslimisch gefärbt blieb.

Kulturbruch im 20. Jahrhundert

Der türkische Islam im 20. Jahrhundert ist, in der Kontinuität ebenso wie im schroffen Kulturbruch, Resultat der kemalistischen Revolution, das heißt eines Eingriffes, wie man ihn sich in einem islamischen Land nicht schärfer und einschneidender vorstellen kann. Die heutige Situation des türkischen Islams wurzelt mit all ihrer Widersprüchlichkeit und Unübersichtlichkeit in den laizistischen Reformen des Republikgründers Mustafa Kemal Atatürk. Atatürk lenkte die Geschicke des Landes zwischen 1923, dem Jahr der Gründung der Republik, bis zu seinem Tod im Jahre 1938. Auch in den folgenden zehn bis zwölf Jahren, das heißt in der Zeit seines politischen Erben Ismet Inönü, bestimmten noch vornehmlich laizistische Auffassungen die Religionspolitik. Doch dann setzte eine Entwicklung ein, die zu der heutigen, einigermaßen undurchschaubaren Situation führte.

Zunächst ein Blick auf die Reformen Atatürks, soweit sie die Religion betrafen.

Atatürk nahm dem Islam im Jahre 1928 den Charakter einer Staatsreligion, was den vollständigen Bruch mit der Staatsidee des Osmanischen Reiches bedeutete. Die Herrschaft des Sultans war schon 1922 abgeschafft worden. Den letzten Kalifen, der nur noch geistliches Oberhaupt der Muslime sein sollte, Abdülmecit, schickte Atatürk 1924 in das Exil. Er schloß die Medresen, die theologischen Bildungsanstalten, und die Şeriat-Gerichtshöfe, in denen nach dem islamischen Recht geurteilt wurde. Die Scharia wurde abgeschafft und durch weltliche Rechtssysteme aus Italien, der Schweiz und Deutschland ersetzt. Das Tragen religiöser Kleidung in der Öffentlichkeit wurde untersagt. Die Männer mußten den Fes durch einen europäischen Hut ersetzen. Den Frauen wurde empfohlen, sich nicht mehr zu verhüllen, ohne daß ein offizielles Schleier-Verbot erlassen worden wäre. Am 1. November 1928 trat die Schriftreform in Kraft. Das Türkische durfte hinfort nicht mehr mit arabischen Buchstaben geschrieben werden. Wer die überragende Bedeutung des Arabischen als Sprache der islamischen Offenbarung wie der gesamten Kultur des Islams kennt, weiß, welchen Einschnitt allein dieser Schritt bedeutete. Es war ein Religions- und Kulturschock von epochaler Tiefe, der auch nicht, wie die kemalistische Geschichtsschreibung lange glauben machen wollte, ohne Widerstände abging. Die Widerstände waren sogar erheblich und werden bis heute von der kemalistischen Hagiographie pauschal und in vielen Fällen zu Unrecht als die Gegenwehr ewig Gestriger abgetan, wie Martin von Bruinessen hervorhebt. Radikal ging Atatürk gegen einen Islam vor, der irgendeine politische oder öffentliche Rolle beanspruchte. Die Republik sollte rein weltlich sein, politisch wie kulturell am Westen ausgerichtet, und einen türkischen Nationalstaat repräsentieren, den nichts mehr mit dem Universalismus der islamischen Umma (türkisch: ümmet) verband. Schon Ziya Gökalp (1876 – 1924), der bedeutende Wegbereiter des türkischen Nationalismus (Türkçülük), hatte gefordert, auf Türkisch zu Gott zu beten. Der Koran wurde ins Türkische übertragen und sogar der Ezan, der Gebetsruf, vom traditionellen Arabisch auf Türkisch umgestellt. Im Westen ausgebildete Universitätslehrer, aber auch westliche Professoren wie Ernst E. Hirsch und andere, die wegen ihrer jüdischen Herkunft in der Zeit des Nationalsozialismus aus Deutschland fliehen mußten, kamen in das Land und schufen dort die Grundlagen für ein laizistisches Rechts- und Staatssystem, das Ende der vierziger Jahre durch den Parteienpluralismus politisch ergänzt und erweitert wurde.

Freilich beschloß die Große Türkische Nationalversammlung – und dieses Faktum spricht eine beredte Sprache – schon zwölf Jahre nach Atatürks Tod, im Jahre 1950, daß der Gebetsruf künftig wieder auf Arabisch erschallen dürfe. Eine Entwicklung begann sich abzuzeichnen, die die Reformen Kemal Atatürks zwar nicht wirklich in Frage stellte, aber doch der islamischen Traditon wieder gewisse Zugeständnisse machen wollte. Das hatte auch mit der Entwicklung der Demokratie zu tun. Die Einführung des Pluralismus, das heißt des Mehrparteien-Systems, bedeutete auch automatisch mehr Freiheit für die Religion. Ministerpräsident Adnan Menderes (1899 – 1961), der als Sieger aus den Wahlen 1950 hervorging, hatte schon den Islam wieder zu einem Wahlkampfthema gemacht und damit bei den ländlichen Massen sowie beim städtischen Kleinbürgertum große Erfolge erzielt. In gewisser Weise war dies ein erster, wichtiger Wendepunkt in der Religionsgeschichte der Republik. Eine Entwicklung begann, deren Höhepunkt wir in diesen Tagen erleben. Es ist ein Kulturkampf zwischen einer traditionell islamisch oder gar islamistisch gesinnten, zahlenmäßig nicht unbedeutenden Minderheit und einer Mehrheit, die nach wie vor für den Laizismus und die Reformen Atatürks steht. Wir werden freilich sehen, daß eine strenge Aufteilung in zwei grundsätzlich geschiedene Lager auch ihre Schwierigkeiten mit sich bringt, denn gerade im aktuellen türkischen Parteienspektrum sind die Grenzen oft fließend.

Die angesprochene Entwicklung vollzog sich in einer Weise, die man im Ausland geraume Zeit nicht wahrnahm. Dort hatte man lange auf den Atatürkschen Positivismus vertraut: Die Modernisierung, vor allem jedoch die wirtschaftliche Entwicklung und die Hebung des Lebenstandards der Bevölkerung würden den Einfluß des Islams auf die Politik und in der Politik gegen Null sinken lassen, glaubten viele. In Wahrheit jedoch waren die Anatolier immer fromme Muslime geblieben. Die Herrschaft Atatürks hatte daran nichts oder nur wenig geändert. Im Gegenteil: Trotz des 1925 verfügten Verbots aller Derwisch-Orden bestanden diese Tarikas sozusagen „clandestin" weiter. In den sechziger und siebziger Jahren begannen sie sich auch öffentlich wieder zu regen, besonders die Nakşbendi-Bruderschaft. Es trat die bis heute andauernde, in vielem grotesk anmutende Situation ein, daß Bruderschaften, die es offiziell gar nicht mehr gab, ihre Anhänger in den sechziger Jahren dazu aufriefen, die damalige Gerechtigkeits-Partei („Adalet Partisi") von Süleyman Demirel zu wählen. Schon damals griff der Islam also in die Parteipolitik ein.

Zu den traditionellen Bruderschaften hinzu kamen Erweckungsbewegungen, die erst im 20. Jahrhundert entstanden waren, so die Süleymanli- und die Nurculuk-Organsiation. Beide Gruppierungen, besonders jedoch die Nurculuk, sind inzwischen so wichtig geworden, daß hier ein paar Worte über sie gesagt sein mögen.

Die Süleymanli gehen auf Süleyman Hilmi Tunahan (1888 – 1959) zurück, einen Prediger, der aus Bulgarien in die Türkei eingewandert war und noch zu Zeiten des Sultans in Istanbul an der Süleymaniye-Moschee studiert hatte. Tunahan wandte sich in seinen Predigten schon früh gegen den Kemalismus, das heißt gegen die weltlichen Reformen, und durfte von 1943 an nicht mehr öffentlich predigen. Ein Jahr später mußte er für kurze Zeit sogar ins Gefängnis. 1954 wurde er vor Gericht gestellt. Er rief mit der „Süleymancilik Cemaati" einen eigenständigen Zweig des Nakşbendi-Ordens ins Leben, der überall im Land Zellen bildete, um anti-laizistische

Ideen zu verbreiten. Auch Schüler- und Studentenwohnheime sowie Korankurse der Süleymancilar dienten und dienen diesem Ziel. Als Teil des Nakşbendi-Ordens verfechten die Süleymanci bis heute die Gültigkeit der Şeriat innerhalb des sunnitischen Islams. Seit Tunahans Tod wurde die Süleymancilik Cemaati von seinem Schwiegersohn Kemal Kacar geleitet. Die Anhänger Tunahans lehnen übrigens die Bezeichnung „Süleymanisten" für ihre Organisation ab, sie stamme von den Gegnern und solle der Verleumdung dienen. Tunahans Anhänger seien Nakşbendis und folgten der hanafitischen Richtung des orthodoxen Islams, nicht mehr. Der Begriff „Sekte" sei deshalb ebenso abzulehnen. Tunahan habe vom Staat sogar eine Pension erhalten und Kemal Kacar lange Zeit im Parlament für die türkische Demokratie gearbeitet.

Origineller und wohl auch einflußreicher als die Süleymancilik ist die Nurculuk-Bewegung einzuschätzen. Ihr Gründer ist Bediüzzaman Said-i Nursi, geboren 1879, gestorben 1960, in dem der türkische Wissenschaftler Şerif Mardin einen der bedeutendsten Erneuerer islamischen Denkens im 20. Jahrhundert überhaupt sieht sowie den einzigen „Türken", der im modernen Islam durch unkonventionelle Gedanken von sich reden gemacht habe.

Auf diesem beschränkten Raum ist es nicht möglich, Said Nursis Gedankenwelt erschöpfend darzustellen, einige Stichworte müssen genügen.

Said Nursi stammte aus Bitlis und war eigentlich Kurde. Schon als Jugendlicher wurde er Nakşbendi. Nach 1900 lebte er eine Zeitlang in Istanbul und sympathisierte mit den Jungtürken. Er beteiligte sich auch am nationalen Befreiungskampf unter Mustafa Kemal Pascha. Erst 1925, im Zusammenhang mit dem Kurdenaufstand unter dem Nakşbendi-Scheich Said, kam es zum Bruch. Von diesem Jahr an bis zum Jahre 1950, das heißt dem Regierungsantritt der Demokrat Partisi von Menderes, lebte er in der innertürkischen Verbannung. In seiner Risale-i Nur, dem „Traktat über das göttliche Licht", einer Schrift, die bei seinen Anhängern bis heute autoritativen Rang genießt, erweist sich Said-i Nursi in der Tat eher als theologischer Reformist denn als Reaktionär. Ihr Kern ist das Bestreben, die moderne Naturwissenschaft und ihre Ergebnisse mit den Lehren des Islams zu verbinden, etwas ganz Neues in der islamischen Theologie. Said-i Nursi versuchte für den Islam zu leisten, was vor Jahrhunderten etwa gläubige Philosophen und Wissenschaftler wie Leibniz für ein sich immer stärker verweltlichendes Christentum geleistet hatten: die naturwissenschaftliche Methode der Welterklärung durch eine religiös-metaphysische Deutung zu ergänzen. Bei Said-i Nursi heißt das „Mechanik der Natur", gemeint ist eine göttliche Mechanik, in der neben der modernen Physik auch traditionelle islamische Philosophien wie die des andalusischen Mystikers Ibn al-Arabi und der persischen Ischraq-Schule berücksichtigt sind. Die Ideen Nursis haben in der Türkei stetig an Anhängern gewonnen, man schätzt, daß heutzutage mehr als eine Million Menschen mit den Nurcu sympathisieren.

Nachfolger Saidi-i Nursis in der Nurculuk-Bewegung wurde Fethullah Gülen, geboren 1938, und zwar genau an jenem Novembertag, an dem Kemal Atatürk in Istanbul starb. In Gülen sehen auch viele liberal gesinnte Türken in unseren Tagen einen durchaus originellen Islamisten, auf den der Vorwurf des „irtica", der religiösen Dunkelmännerei, nicht zutrifft. Gülen hat niemals die Republik zur Disposition gestellt und versucht heute die Frage zu beantworten, welchen Part eine moderne republikanische Türkei im Weltislam spielen könne. Er unterscheidet zwischen dem Islam der Araber, der durch die Scharia gekennzeichnet sei, dem Islam der Perser, der vorwiegend schiitisch geprägt ist, und eben dem türkischen Islam mit seinen vielen volksverbundenen Traditionen. Da sich Gülen und seine Anhänger, die Fethullahcilar, bemüht haben, am Parteiengezänk nicht teilzuhaben, können sie auch in laizistischen Kreisen auf ein gewisses Gehör rechnen. Dazu trug auch bei, daß Fethullah Gülen sich von der Refah Partisi („Wohlfahrtspartei") Necmettin Erbakans fernhielt, die 1996 und 1997 für ein knappes Jahr über die Türkei regierte, bevor man sie für illegal erklärte. Auch von der Nurculuk-Bewegung hat sich Gülen schon seit geraumer Zeit abgesetzt und hebt hervor, daß er den laizistischen Staat respektiere. Von ihm stammt das Stichwort von der türkisch-islamischen Synthese, das sich auch ein Politiker wie der 1993 verstorbene Staatspräsident Turgut Özal zu eigen gemacht hatte. Özal war es auch, der immer wieder seine schützende Hand über Gülen hielt, wenn ihm das Militär an den Kragen wollte. So etwa im Gefolge des Militärputschs von 1980. Fethullah Gülen ist auch ein guter Freund des laizistischen Links-Politikers Bülent Ecevit, der sich als Erz-Laizist versteht. Gülen hat fast nichts publiziert, verbreitet seine Auffassungen vielmehr als moderner Wanderprediger. Wenn ich ihn richtig interpretiere, hält Gülen die massiven Verweltlichungsprozesse der vergangenen hundertfünfzig Jahre für irreversibel, ein authentischer türkischer Islam müsse dieser Entwicklung durch entsprechende Flexibilität Rechnung tragen.

In den vergangenen vier Jahrzehnten war jedoch zweifelsohne Necmettin Erbakan, ein Maschinenbau-Ingenieur und Schüler des Nakşbendi-Scheichs Mehmet Zahid Kotku, die alles überragende Figur des politischen Islams in der Türkei. Als er 1970 die islamisch orientierte Milli Nizam Partisi („Nationale Ordnungs-Partei") gründete, hatte die Türkische Republik nach 1950 einen weiteren, wohl noch wichtigeren Wendepunkt ihrer Geschichte erreicht, denn zum erstenmal beteiligte sich wieder eine Partei offiziell am politischen Spiel, deren Gründungszweck es ausschließlich war, dem Islam zu einer neuen

Rolle im Staat zu verhelfen; möglichst natürlich zu einer führenden Rolle. Zwei Jahre später wurde aus dieser Partei die Milli Selâmet Partisi oder „Nationale Heilspartei", die bis zum Militärputsch am 12. September 1980 bestand und in den siebziger Jahren sogar in Koalitionsregierungen vertreten war, mit Erbakan jeweils als stellvertretendem Ministerpräsidenten.

Ihre Wiederauferstehung erlebte die „Heilspartei" in den achtziger Jahren unter dem Namen „Refah Partisi", Wohlfahrtspartei. Am 24. Dezember 1995 gelang ihr bei den Wahlen das Kunststück, mit 21,3 Prozent der Stimmen eine relatve Mehrheit zu erringen, mehr jedenfalls als alle ihre weltlichen Konkurrenten. Schließlich konnte Erbakan fast ein Jahr lang in einer Koalition mit Frau Tansu Çiller als Ministerpräsident regieren, vom Sommer 1996 bis zum Frühsommer 1997. In der verwestlichten türkischen Elite hatte das niemand mehr für möglich gehalten. Das Militär, das sich als Hüter des weltlichen Kemalismus versteht, sorgte schließlich dafür, daß Erbakans Koalitionsregierung mit Frau Çiller sich auflösen mußte. Im Januar 1998 wurde die Refah Partisi für illegal erklärt und verboten.

Die unterschiedliche Reaktion darauf zeigte, wie verworren die Situation mittlerweile ist. Die meisten Beobachter vertraten allerdings die Auffassung, das Verbot der Partei sei ein politischer Fehler gewesen und wirke sich auf Dauer gegenteilig aus. Man müsse den Islamismus, den politisierten Islam, auf demokratische Weise bekämpfen. Die Gefahr, daß die Islamisten in den Untergrund abtauchen könnten, um sich dort zu bewaffnen, wurde gelegentlich heraufbeschworen. Dezidiert islamische Publizisten sprachen von einer Situation der Paranoia im Lande, laizistische Journalisten wie Taha Akyol verstiegen sich nicht zu solchen Radikalismen, plädierten jedoch für mehr Gelassenheit im Umgang mit den Islamisten.

Doch wie islamistisch war die Refah-Partei überhaupt? Meine Recherchen haben ungefähr folgendes Bild ergeben: Die Summe der 21,3 Prozent Wählerstimmen dieser Partei teilt sich ungefähr wie folgt auf: Etwa fünf Prozentpunkte stehen für einen harten Kern. Sie votieren für einen religiösen Staat unter Einschluß der Şeriat, des religiösen Gesetzes, das in allen Bereichen gelten soll. Diese Wähler sind auch entschieden gegen den Säkularismus eingestellt. Eine Gruppe, die ungefähr zehn Prozentpunkte ausmacht, möchte, daß der Islam in der Gesellschaft, in der Kultur und in der Politik des Landes stärker als bisher akzentuiert werde. Ihnen geht es primär um Fragen der Identität des türkischen Volkes, weniger um die Scharia.

Die restlichen Prozentpunkte verteilen sich auf Unzufriedene und Protestwähler, die durch ihre Entscheidung zugunsten der „Refah" den etablierten weltlichen Parteien einen Denkzettel verpassen wollten. Manche fühlten sich angesprochen von den relativ guten Leistungen der Refah-Bürgermeister in den großen Städten des Landes: Istanbul, Ankara, Diyarbakir. Unter den Kurden im Südosten erhielt die Refah besonders viele Stimmen, weil man damit gegen den türkischen Staat und seine nationaltürkisch gesinnte Elite demonstrieren konnte.

Es ist fraglich, ob jene Anhänger Erbakans, die für einen religiösen Staat votieren, wirklich wissen, was darunter zu verstehen ist. Ihre Kenntnisse über das islamische Recht scheinen oft gering zu sein, sie folgen hauptsächlich der von Erbakan ausgegebenen Parole, ein islamisches System in der Türkei werde eine „gerechte Ordnung" (adil düzen) schaffen, ohne daß dies näher erläutert wurde. Es versteht sich, daß die Partei damit vor allem bei den ökonomischen Verlierern der Modernisierung Punkte sammeln konnte. Diese Modernisierung, die dringend notwendig gewesen war, geht vor allem auf Turgut Özal zurück, der seit Beginn der achtziger Jahre bis zu seinem allzu frühen Tod 1993 der maßgebliche innovative Politiker des Landes gewesen ist. Die Tatsache übrigens, daß Özal selbst einmal Mitglied in der „Heilspartei“ war und persönlich enge Bindungen an den Islam hatte, zeigt, daß die Unterscheidung zwischen säkularen und islamistischen Kräften innerhalb des Parteienspektrums in mancher Hinsicht ziemlich künstlich ist. Bis heute hat etwa die „Mutterlandspartei“ von Mesut Yilmaz, die zu den weltlichen Parteien gezählt wird, einen Flügel, der eindeutig als religiös ausgerichtet zu charakterisieren ist. Bekannt wurde der Satz Özals: „Der Staat ist weltlich, ich bin es nicht.“

Sogar das Militär, obwohl Hüter der kemalistischen Reformen, hat zeitweise mit dem Islam geliebäugelt, am stärksten nach dem Putsch vom September 1980, als die Generäle den Islam bewußt förderten, um ihn als politisches und gesellschaftliches Gegengewicht zum Linksradikalismus zu benutzen. Freilich hätte sich damals ein General Evren, der anschließend als Staatspräsident amtierte, noch nicht träumen lassen, daß es der Refah einmal gelingen werde, auf legale Weise die Regierung zu stellen.

Die Sache ist also komplizierter, als es zunächst klingen mag: Weder sind die Islamisten alle so militant oder auf die Errichtung eines „Gottesstaates“ versessen, wie das Militär oft behauptet, noch sind die weltlichen Parteien und Organisationen alle so rein kemalistisch, wie sie behaupten. Eine Erosion kemalistischer Prinzipien hatte schon viele Jahre zuvor eingesetzt. Alle Parteien haben zum Beispiel, wenn es um Wahlkampf ging, mit der Religion ihre Spielchen betrieben.

Richtig bleibt allerdings, daß die Refah-Partei nicht gerade als ein Ausbund demokratischer Gesinnung angesehen werden konnte, auch wenn ihre Repräsentanten formal die Regeln der Demokratie einhalten. Vieles bleibt da unausgesprochen und unklar. Ein präzise ausformuliertes Programm der Refah war bis zuletzt schwer zu fassen, was auch die staatlichen Organe, die das Verbot aussprachen, bei ihren Nachforschungen zu spüren bekamen. In seinen Reden allerdings hat Erbakan oft keinen Zeifel daran gelassen, daß er die Wahrheit des Korans jenen Wahrheiten vorziehe, die durch pluralistische Diskussionen in der Gesellschaft gefunden und durch demokratische Mehrheiten bestätigt werden. Hinzu kamen einige üble Ausfälle gegen die „masonlar", die „Freimaurer", aber auch gegen die Juden, denen man Verschwörungen gegen die türkische Nation und den Islam andichtete. Unabhängige Beobachter charakterisieren den in vielem totalitären, undemokratischen Charakter vieler Funktionäre, der zum Tragen komme, wenn man sich einmal hinter den Kulissen mit ihnen unterhalte.

Die Neugründung einer religiösen Partei unter dem unverfänglichen Namen „Tugend-Partei" (Fazilet Partisi) im Februar 1998 zeigt freilich, daß der Konflikt trotz oder gerade wegen des Verbots unvermindert weitergeht. Die Refah-Partei findet sozusagen ihre natürliche Fortsetzung. Mit dem Verbot ist dem Islamismus nicht beizukommen. Die türkische Gesellschaft muß sich darauf einstellen, daß ungefähr sechs von ihren mehr als dreißig Millionen Wählern einer islamischen Partei auf absehbare Zeit den Vorzug geben.

Es ist in der jüngsten Vergangenheit viel darüber gerätselt worden, womit das zusammenhängen mag. Soziale Ursachen, das Versagen bisheriger Regierungen bei der Modernisierung des Landes, die zwar einige reich gemacht hat, aber viele verarmen ließ, mögen vieles dazu beigetragen haben, daß ein politisch virulenter Islam wieder aufkommt. Doch diese Gründe bedürfen sicher einer Ergänzung: In der Türkei scheint sich zu zeigen, daß ein in vielem einseitiger, teilweise auch gewaltsamer Eingriff von oben in eine seit tausend Jahren islamische Gesellschaft nicht ohne Irritationen, Turbulenzen und Verwerfungen aller Art abgehen konnte. Wer jedenfalls das empfindliche Gefüge, das jede traditionelle islamische Gesellschaft darstellt, einigermaßen kennt, kann vom Erstarken der Islamisten in den vergangenen Jahren und Jahrzehnten nicht wirklich überrascht gewesen sein.

Doch kehren wir nun zu jenen drei religiösen Kulturen zurück, von denen am Anfang die Rede gewesen ist.

Der kemalistisch reformierte Islam in den großen Städten besteht im wesentlichen aus einer im Glauben wurzelnden Ethik, wobei die Intensität der persönlichen Frömmigkeit wie der islamischen Praxis, etwa beim Gemeinschaftsgebet, ganz unterschiedlich und natürlich auch schwer zu überprüfen ist. Verläßliche Statistiken über die Zahl der Agnostiker unter der städtischen Elite oder der sich zum Atheismus bekennenden „Kultur-Muslime" sind schwer zu bekommen. Wahrscheinlich ist die Zahl der Kultur-Muslime in den großen Städten größer als man gemeinhin denkt. Auffällig ist hingegen eine gewisse Altersfrömmigkeit; das ist freilich eine Erscheinung, die auch bei den Anhängern anderer Religionen zu beobachten ist.

Die zweite religiöse Kultur innerhalb des türkischen Islams ist der anatolische sunnitische Volksislam, traditionalistisch orientiert und, zumal in den Dörfern, ganz in den alten Milieus ruhend, die schon im vergangenen Jahrhundert den Anatolier geprägt haben. Da hat sich nicht eben viel geändert. Das modernere Erscheinungsbild der türkischen Kleinstädte ist eher ein Oberflächen-Phänomen, das wenig aussagt über den Stand einer geistigen Veränderung. Gelegentlich kommt es in manchen Kleinstädten zu Auseinandersetzungen zwischen traditionell-islamischen Kreisen und „westlicher" denkenden Menschen über die mittlerweile zahlreichen türkischen und ausländischen Fernsehprogramme, die man mit Parabol-Antennen empfangen kann. Das zeigt, daß auch in der Provinz hier und da ein gewisser Kulturkampf eingesetzt hat.

Der sunnitische Volksislam in der Provinz dürfte sich, was Traditionen und Mentalität angeht, nicht allzu sehr von jener Welt unterscheiden, über die der Sultan lange Jahrhunderte gebot. Es ist das osmanische Erbe, das weiterwirkt, wobei heute immerhin ins Gewicht fällt, daß man die demokratischen Prozeduren akzeptiert hat. Man wählt aber konservativ, eine Einstellung, die gerade in den Jahren seit dem Militärputsch von 1980 besonders stark geworden ist. Das türkische Volk ist in seiner Mehrheit sehr konservativ eingestellt. Die fünf Pfeiler des Islams bilden den Kern dieser sunnitischen Volksreligion, doch hängen viele natürlich an alten Traditionen und Bräuchen, die früher ganz einfach Teil des religiösen Gesetzes, sprich: der Lebenspraxis waren, von der Hochzeit bis zum Tod. Die politische Linke war die eigentliche Verliererin dieses Militär-Eingriffes, noch heute ist sie ein Schatten ihrer selbst. Weder die Demokratische Linkspartei (DSP) von Bülent Ecevit noch die wiedergegründete Republikanische Volkspartei (CHP) unter Deniz Baykal, die das Erbe Atatürks zu verwalten beansprucht, haben in den vergangenen Jahren große Wählermassen an sich binden können.

Gleichwohl sind sie die politische Heimat der dritten religiösen Kultur der Türkei, die in mancher Hinsicht auch die interessanteste und faszinierendste ist. Es ist der alevitische Volksislam Anatoliens. Er ist als konkrete Erscheinung schwerer zu fassen denn in seinen Mythen. Selbst manche Aleviten wissen nur Ungefähres über ihr Bekenntnis, und der Wissenschaft ergeht es nicht besser. Die Zahl der wirklich guten Publikationen über das Alevitentum und den mit ihm verbundenen Orden der Bektaschi ist gering. So mögen nur einige Stichworte genügen, um zu zeigen, es sich beim Alevitentum handelt und worauf die Animositäten, ja die Feindschaft zwischen den Alevis und den Sunni-Muslimen in der Türkei gründen.

Kurz gesagt kann man das Alevitentum als Zwölferschiismus ohne Şeriat definieren. Es handelt sich also um ein heterodoxes Schiitentum. Die Aleviten, deren Kultur auf den schon apostrophierten Haci Bektasch Veli aus dem 13. Jahrhundert zurückgeht, verehren neben Muhammad vor allem dessen leiblichen Vetter Ali Ibn Abi Talib und dessen elf Nachkommen in leiblicher Folge bis zum verschwundenen Imam Muhammad al-Mahdi, der im 9. Jahrhundert in die große Verborgenheit entrückt wurde. Außerdem verehren sie ihren Gründer, Haci Bektasch, und Balim Sultan, der das Alevitentum zu Beginn des 16. Jahrhunderts, als ihm die sunnitische Orthodoxie schwere Schläge versetzte, in Anatolien wiederbelebt hat. Insofern unterscheiden sich die Aleviten zunächst nicht oder nur wenig von den in Iran herrschenden Zwölferschiiten, wohl aber von den Sunniten, die diese Art von Ali-Verehrung nicht mitmachen können und auch die Lehre von den Imamen nicht kennen. Der Unterschied zu den übrigen Zwölferschiiten besteht nun darin, daß die Aleviten an die Stelle des religiösen islamischen Gesetzes, gleichgültig welcher Rechtsschule, eigene Riten und Gebräuche gesetzt haben, in denen sich das mittelasiatische oder anatolische Nomadenmilieu mit seinen alten Traditionen widerspiegelt. Im Grunde handelt es sich um eine Ethik, vielleicht mehr um eine Philosophie, und um eine Lebensform, die in religiös-mystischen Wurzeln gründet. Bis heute spielen geheimnisvolle Buchstaben- und Zahlenspekulationen eine gewisse Rolle, ein Hinweis darauf, daß auch die esoterische Hurufi-Sekte nicht ohne Einfluß auf die Aleviten geblieben ist.

In alevitischen Dörfern stehen im allgemeinen keine Moscheen. Folglich wird dort auch nicht gebetet. Die Alevis haben eigene Gemeindehäuser, die cemevi, in denen sie sich zu einem eigenen Gebetsritual, dem cem, treffen. Es wird vom Dede oder Gemeindevorsteher geleitet. An diesen religiösen Versammlungen, in denen religiöse Hymnen gesungen und Gedichte rezitiert werden, nehmen Männer und Frauen gleichberechtigt teil. Nicht nur Musik und Tanz, auch der Alkohol als mystisch-entgrenzende Droge spielt bei diesen Séancen eine gewisse Rolle. Die Aleviten haben offenbar eine eigene Kosmologie entwickelt, in der das Weltall als Theophanie vorgestellt wird, die Natur gilt als das sich der Erkenntnis entschleiernde Kleid der Gottheit. Der beste Gottesdienst besteht darin, die Natur und ihre Gesetze zu erkennen, gegenüber den Menschen Liebe zu üben und die Natur wie alle ihre Wesen zu hegen und zu pflegen. Im Menschen wird Gottes Wesen abgespiegelt, der Mensch ist, wie viele islamische Sufis lehrten, ein kleines Universum, wie umgekehrt das Universum ein Mensch im Kleinen ist. Die alevitische Form des Islams hat im Laufe der Jahrhunderte eigene Kunstformen hervorgebracht, vor allem jedoch eine alevitisch-bekatschitische Volksdichtung, Hymnen und Poesien, die immer wieder bei den gemeinsamen Treffen rezitiert und gesungen werden. Dichter wie Pir Sultan Abdal, Nesimi, Kaygusuz Abdal und viele andere haben eine Tradition mystisch-ethischer Volksdichtung begründet, die bis heute im intellektuellen Leben der Türkei weiterwirkt.

Die Katastrophe vom 2. Juli 1993 machte freilich deutlich, wie explosiv das Verhältnis zwischen Sunniten und Aleviten sein kann. An diesem Tag kam es in der Stadt Sivas zu einem schon vorher geplanten Übergriff sunnitischer Eiferer gegen alevitische und linke Schriftsteller und Künstler, die sich in einem Hotel versammelt hatten, um des Alevi-Dichters Pir Sultan Abdal aus dem 16. Jahrhundert zu gedenken. Sivas ist ein traditionelles Zentrum des Alevitentums, Pir Sultan Abdal hatte dort gelebt und das Martyrium erlitten, aber auch der sunnitischen Islamisten, die besonders aufgebracht waren, weil auch der Dichter Aziz Nesin an dem Kongreß teilnahm. Nesin, der damals führende, inzwischen verstorbene

Satiriker des Landes, hatte zuvor aus seiner Irreligiosität kein Hehl gemacht und auch eine auszugsweise Übersetzung von Salman Rushdies Roman „Die Satanischen Verse“ angeregt und befördert. Bei dem Pogrom starben 37 Menschen in den Flammen und im Rauch. Nur wie durch ein Wunder entging Aziz Nesin damals dem Feuertod. Das Ereignis von Sivas hat die Nation besonders aufgerüttelt, zumal es auch im Istanbuler Stadtteil Gaziosmanpaşa zu gewalttätigen Zusammenstößen zwischen Aleviten und Sunniten kam. Doch neben dem Pogrom selbst entwickelte sich auch die Haltung der Regierung zum Skandal. Die damalige Ministerpräsidentin Tansu Çiller distanzierte sich nicht entschieden genug von der Bluttat, zumal als Führerin eines weltlichen Staates, ließ sogar durch die Blume erkennen, daß Intellektuelle wie Aziz Nesin in gewisser Weise selber schuld an solchen Anschlägen seien wegen ihrer nonkonformistischen Ansichten in Sachen Religion. Mit anderen Worten: Die Opfer, nicht die Täter, sind die Schuldigen. Zu allem Überfluß sind diese drei religiösen Kulturen der Türkei heute auch nicht mehr voneinander geschieden, sondern überlagern und überlappen sich, am meisten natürlich in den großen Städten, wo die Zahl der alevitischen Zuwanderer in den vergangenen Jahren drastisch zugenommen hat. Doch auch die Zahl der stramm islamistisch gesinnten Türken hat in den Städten zugenommen. Selbst eine kosmopolitische Stadt wie Istanbul ist heute, verglichen mit der Lage vor ungefähr dreißig Jahren, nicht mehr wiederzuerkennen. Zusammen mit den sozialen Krisen des Landes bietet sich hier ein Sprengstoff, der manche schon davon sprechen läßt, der Türkei stünden „algerische Verhältnisse“ bevor.

Auszuschließen ist das nicht, doch halte ich es für wenig wahrscheinlich. Viel wird davon abhängen, wie das System in den kommenden Jahren reagiert. Bleibt es flexibel und demokratisch, oder wird es autoritär? Mit dem bekannten Publizisten Taha Akyol und vielen anderen vertrete ich die Auffassung, daß die Türkei das Problem des Islamismus, des politisierten Islams, auf rechtsstaatliche und demokratische Weise lösen muß. Das schließt nicht aus, daß man gegebenenfalls auch einmal zu staatlicher Repression greift, wie sie ja auch in Demokratien in seltenen Fällen geboten erscheint. Doch der türkische Kulturkampf kann und muß systemkonform, das heißt demokratisch, pluralistisch und friedlich, vonstatten gehen. Wie wir gesehen haben, ist auch der türkische Islamismus keine monolithische Erscheinung und mit den Parteien des Herrn Erbakan nicht gleichzusetzen.

Mit Verboten, wie sie dem Militär immer schnell in den Sinn kommen, dürfte diese gesellschaftliche Auseinandersetzung nicht vernünftig zu bestehen sein. Diese bergen vielmehr die Gefahr einer wirklichen Konfrontation in sich. Die türkische Geschichte, vor allem die der Verwestlichung und der Reformen, ist seit den Tagen Sultan Mahmuds vor mehr als hundertsiebzig Jahren leider stark von Befehlen, Verordnungen und Verboten geprägt worden. Das hat den Prozeß der Verwestlichung zwar in Gang gebracht und beschleunigt, aber auch gewisse Fehlentwicklungen entstehen lassen, weil es keine breit angelegte gesellschaftliche Diskussion darüber gab.

Wenn die Verantwortlichen in der Türkei ihr autoritäres Gebaren ablegen, können sie allerdings aus ihrem Land ein Modell machen, das den Laizismus bewahrt, aber auch einem islamischen Pluralismus, der demokratisch ist, Raum gewährt. Damit könnte Ankara sich als Vorbild für all jene Muslime erweisen, die dem autoritären iranischen Experiment innerlich fernstehen und nicht daran glauben, daß in Iran sich ein wirklicher Wandel vollziehen kann. Unter diesem Blickwinkel sind die Türkei und die Islamische Republik Iran, gerade weil sie Antipoden innerhalb des heutigen Islams darstellen, gegenwärtig die interessantesten Länder.

Vor einer zweiten Revolution?

Iran um die Jahrtausendwende

Vieles spricht dafür, daß der 23. Mai des Jahres 1997 einmal als wichtige Zäsur in der Geschichte der Islamischen Republik Iran angesehen werden wird. Damals ereignete sich etwas, das kaum jemand in Iran selbst, geschweige denn in der arabischen oder westlichen Welt für möglich gehalten hatte: Bei den Wahlen, die einen Nachfolger für den aus dem Amt scheidenden Staatspräsidenten Hodschatoleslam Ali Akbar Haschemi-Rafsandschani bestimmen sollten, siegte nicht der haushohe Favorit und bisherige Parlamentssprecher, Ajatollah Nategh-Nuri, ein Mann des konservativen Establishments, um nicht zu sagen ein „hardliner", sondern Sejjed Mohammad Chatami, ein Schriftgelehrter liberaleren Zuschnitts, den viele indes zuvor nur als Zähl- oder Alibi-Kandidaten angesehen hatten.

Die Verblüffung war daher nicht gering, als Chatami nicht nur knapp, sondern mit annähernd siebzig Prozent der Stimmen gewissermaßen als strahlender Sieger aus der Abstimmung hervorging. Dieses Ergebnis war um so überraschender, als in den letzten Wochen vor dem Urnengang eine systematische Hetzkampagne gegen Chatami und seine politischen Anhänger ins Werk gesetzt worden war, vor allem gegen den populären Bürgermeister von Teheran, Gholam Hussein Karbastschi, der den Orthodoxen schon lange als relativ liberaler Technokrat ein Dorn im Auge gewesen war. Gegen ihn wurde denn auch wenige Monate nach der Amtseinführung des neuen Präsidenten ein Prozeß angestrengt, den man weniger nach juristischen denn nach politischen Kategorien interpretieren mußte.

Das Ergebnis der Präsidentschaftswahlen zeigte zweierlei:

Einmal, daß sie in der vorliegenden Form und entgegen der Praxis vieler Dritte-Welt-Länder überhaupt ungestört stattfinden konnten, das heißt, daß niemand auch nur den leisesten Versuch unternahm, das Ergebnis im Sinne des herrschenden konservativ-klerikalen Lagers zu manipulieren. Dies mag auch damit zu tun haben, daß Nachfragen schon relativ bald nach der Öffnung der Wahllokale den großen und beständig anwachsenden Vorsprung Chatamis anzeigten, zumindest in den großen Städten, die für die Politik und die Wirtschaft des Landes entscheidend sind. Es wäre da wohl schwierig gewesen, in den Wahllokalen noch unbemerkt manipulativ zugunsten des konservativen Lagers einzugreifen.

Zum zweiten wurde deutlich, daß die herrschenden Kreise des Regimes den Willen des Volkes sträflich falsch eingeschätzt hatten. Die 24,9 Prozent, die für Nategh-Nuri abgegeben worden sind, schrumpfen angesichts des Machtapparates, der dem konservativen Lager während des Wahlkampfes zur Verfügung gestanden hatte, im Nachhinein beinahe zur Bedeutungslosigkeit zusammen.

Seit diesem in der Tat epochalen Ereignis wird nun immer wieder davon gesprochen, die Islamische Republik Iran stehe vor einer „Wende", gar vor einer zweiten Revolution, in der sie sich nach innen wie nach außen großzügig öffnen werde. An dieser Haltung halten viele fest selbst unter der Annahme, daß es immer wieder Rückschläge in der inneren Entwicklung des Landes (und auch hinsichtlich der Personen) geben könne.

Worin gründet diese Hoffnung?

Zunächst und vor allem wohl in der Person des Staatspräsidenten selbst, die sich tatsächlich in vielem von den Figuren der seit nun fast zwanzig Jahren herrschenden

Teheraner Nomenklatura vorteilhaft unterscheidet. Mohammad Chatami ist erst mittleren Alters (für einen Schriftgelehrten geradezu jung) und gehört, daran kann kein Zweifel bestehen, zu den ergebenen Anhängern des 1989 verstorbenen Staatsgründers Ajatollah Ruhollah Musawi Chomeini und der sogenannten islamischen Revolution. Ein Islamist ist also auch er. Chatami ist, wie sein Titel „Sejjed" besagt, ein Nachkomme aus der Familie des Propheten Muhammad, von denen es in Iran – über verschiedene familiäre Verzweigungen – etwa eine Million geben soll. Er absolvierte die klassischen sprachlichen und theologischen Studien eines iranischen Mullahs, Arabisch und Persisch, dazu Koranexegese (tafsir) und islamisches Recht (fiqh), Theologie und Philosophie, unter anderem auch in der heiligen Stadt Ghom, und geriet auf diese Weise früh in die Zirkel all jener schiitischen Schriftgelehrten, die das Regime des Schahs abzulehnen begannen und schließlich seit 1963 mehr oder weniger offen den Umsturz betrieben. Man darf sich daher keinen Illusionen hingeben: Chatami ist kein Dissident und wird niemals einer werden. Das islamische Regime des Staates, wie Chomeini es erdacht hat, ist auch für ihn unantastbar. An ihm führt kein Weg vorbei.

Von vielen anderen Schriftgelehrten unterscheidet er sich freilich nicht nur durch seine relativ tolerante Einstellung gegenüber anderen Überzeugungen und Weltanschauungen, sondern auch durch seine größere Weltkenntnis und Nähe zu Europa: Chatami wirkte in den siebziger Jahren an der schiitischen Moschee in Hamburg, wo er mit Erkenntnissen und Vorstellungen des Westens bekannt wurde. Auch mit der deutschen Sprache und Philosophie. Er befaßte sich besonders mit dem Philosophen Hegel, einem Denker, der vielen Muslimen liegt, aus Gründen, die noch der Erforschung harren. Zwischen 1982 und 1992 amtierte er in Iran als Kulturminister und drückte dem Land durch immer wieder neue Versuche, ein trotz allen Dogmatismus wenigstens erträgliches geistiges Klima herzustellen oder aufrechtzuerhalten, seinen Stempel auf. Allerdings erreichten es seine innenpolitischen Gegner schließlich doch, daß er kaltgestellt wurde und sein Ministeramt aufgeben mußte. Nach 1992 wehte den iranischen Intellektuellen insgesamt ein viel schärferer Wind ins Gesicht, so daß 154 Autoren schließlich im Jahre 1994 in einem offenen Brief dagegen protestierten. Dies war kein einfacher Schritt, setzte doch gegen manche von ihnen, wie den Prosaisten Abbas Maarufi und den Journalisten Faradsch Sarkuhi, ein Kesseltreiben ein, dem sie nur durch das Exil entgehen konnten.

Mohammad Chatami ist von seinen Wählern mit vielen Vorschußlorbeeren bedacht worden. Die Erwartungen steigerten sich noch im August 1997, als der Präsident sein Amt offiziell antrat und die neue Regierung etablierte. In ihr verloren fast alle jene Minister ihr Amt, die, wie der Außenminister Ali Akbar Welajati, nach außen zwar konziliant und moderat auftraten, in Wirklichkeit jedoch einen harten Kurs verfochten. Seinen Posten verlor auch der durch das Berliner Mykonos-Urteil untragbar gewordene Geheimdienstminister Ali Fallahian. Chatami bekam seine Minister im Parlament durch, wobei viele Hoffnungen auch auf den neuen Außenminister Mohammad Charrasi gesetzt wurden und werden.

Seither hat sich in Iran eine Entwicklung angedeutet, die als Ringen zwischen beharrenden und vorwartsdrängenden Kräften beschrieben worden ist. Ob dies den Beginn einer „zweiten Revolution" markiert, vermag heute noch niemand zu sagen. Auch das Schicksal Chatamis kann niemand kennen. Rückschläge sind nicht auszuschließen, bis hin zu einem Rücktritt Chatamis. Deutlich ist indes, daß seit diesem epochalen Ereignis eine innere wie äußere Aufhellung des Klimas in Teilen des Regimes zu beobachten ist, die Interesse und Analyse verdient.

Schon hatte man ja Chatami den Beinamen eines „iranischen Gorbatschow" verliehen, was ihm nicht recht sein dürfte, denn Gorbatschow verspielte die Sowjetunion, während Chatami die Islamische Republik ja geradezu festigen will, wenn auch verändert. Zweimal hat Chatami in öffentlichen Reden auf geradezu spektakuläre Weise hervorgehoben, Iran müsse eine „islamische Zivilgesellschaft" entwickeln und könne dabei vom Westen manches lernen. Nicht alle Werte des Westens seien schlecht. Während der islamischen Gipfelkonferenz in Teheran im Dezember 1997 warb er dabei ganz offen auch um Amerika. In einem Interview mit dem amerikanischen Sender CNN wiederholte er dieses Angebot im Frühjahr des Jahres 1998 und forderte einen Dialog zwischen Iran und den Vereinigten Staaten. Bis dahin hatten die Amerikaner in der politischen Rhetorik Irans immer nur als der „Große Satan" (scheitan-e bozorg) fungiert. Chatami unternahm dann erste Annäherungsversuche, bei denen freilich schwer einzuschätzen ist, in welchem Ausmaß sie Alleingänge waren, das heißt, inwieweit sie mit den übrigen Führern des Landes abgesprochen wurden. Der amerikanische Präsident Clinton hat jedenfalls vorsichtig zustimmend auf die jüngsten iranischen Avancen geantwortet und im Jahre 1998 eine Gruppe amerikanischer Sportler nach Teheran entsandt. Bei weiteren Schritten einer Annäherung kam man indessen über das Stadium von Vorgesprächen nicht hinaus.

In der Innenpolitik, das zeigen die Auseinandersetzungen der jüngsten Monate, dürfte es Chatami noch schwerer haben, eine wirkliche Öffnung, das heißt Liberalisierung des Regimes zu erreichen. Er und seine Minister sind eben Teil eines politischen Machtapparates, in dem die sogenannten beharrenden Kräfte, die klerikal konservativen Kreise, noch immer die wichtigsten Hebel in der Hand halten. Die Veränderungen sind bis jetzt auch mehr im Atmosphärischen zu finden als im Grundsätzlichen.

Von einer zweiten Umwälzung kann längst nicht die Rede sein, noch nicht einmal in Ansätzen. Seit Jahren fanden jedoch wieder öffentliche Musikveranstaltungen statt, ein lokales Musical durfte aufgeführt werden. Die Schnüffelei im Privatleben der Menschen, die periodisch immer wieder einmal verschärft worden war, hat offenkundig nachgelassen. Doch sind auch auf diesem Feld Rückschläge nicht unmöglich. Der Staatspräsident setzt sich dafür ein, daß die Freiheit der Presse ausgeweitet werden kann. Es war außerdem maßgeblich seinem Einfluß zu verdanken, daß der inhaftierte Journalist und Schriftsteller Faradsch Sarkuhi zwar angeklagt wurde, aber doch mit einer verhältnismäßig milden Strafe von einem Jahr Gefängnis davongekommen war. Inzwischen hat man ihn vorzeitig freigelassen. Der Autor lebt seit Anfang Mai 1998 in Deutschland, das heißt in halbwegs sicherer Entfernung vom Regime.

All diese Dinge sind erste Anzeichen dafür, daß das Regime insgesamt ein wenig toleranter, auch in der Sprache konzilianter geworden ist. Freilich zeigen gewisse Rückfälle, wie die Spionage-Anklage gegen den vormals als besonders linientreu geltenden Journalisten Firozi oder der Fall des deutschen Hofer, den man wegen unerlaubten Geschlechtsverkehrs mit einer Muslimin vor Gericht gestellt und zum Tod verurteilt hatte, daß die Gegner Chatamis Mittel und Wege finden, politische Unruhe zu stiften und die vom Präsidenten geplante innen- und außenpolitische Öffnung zu sabotieren. Denn das beharrende Lager hat im System eindeutig noch die Oberhand.

Es wird angeführt vom Revolutionsführer Ajatollah Hussein Ali Chamenei, der zwar nicht über die Autorität oder das Charisma des Gründers der Islamischen Republik, Ajatollah Chomeini, verfügt, aber gleichwohl als religiöses Oberhaupt des Staates, als Führer der Revolution (rahbar-e enghelab) und als Vertreter des Prinzips

„welajat-e faghih", das heißt „Herrschaft des höchsten Rechtsgelehrten", im Zweifel alle denkbaren Machtmittel in der Hand hat, um Kritiker mundtot zu machen oder auch zu liquidieren. Sowohl der „Wächterrat" als auch der „Expertenrat" sind einflußreiche Gremien, die über die Einhaltung all derjenigen Prinzipien wachen, welche die Islamische Republik konstituieren. Zu diesen Wächtern gehört auch die Revolutionsgarde, die an ihrer Spitze zwar einen Wechsel erlebt hat, aber dennoch alles verhindern dürfte, was auf lange Sicht eine Aufweichung der herrschenden Verhältnisse bedeuten könnte. Auch die Machtverhältnisse in der Madschles, dem Teheraner Parlament mit seinen 270 Sitzen, geben einstweilen nicht zu allzu großen Hoffnungen Anlaß. Die Anhänger Chatamis müssen hier bescheidene Anregungen immer mit Zugeständnissen an die beharrenden Kräfte erkaufen.

Es gibt jedoch auch Faktoren, die die Reformpläne Chatamis und anderer, gern als „Technokraten" bezeichneter Kräfte unterstützen. Da ist einmal das Wahlergebnis. Selbst die reaktionärsten Mullahs im Machtapparat können dieses eindeutige Votum für innere und äußere Reformen nicht außer acht lassen. Es bedeutet Rückendeckung für den Präsidenten und seine Anhänger. Darüber hinaus ist das von den beharrenden Kräften als Schock empfundene und noch immer nachwirkende Resultat der Wahlen auch ein gewisser Schutz für die Person Chatami selbst. Seine Gegner wissen genau, daß mit schweren Unruhen zu rechnen wäre, wenn ihm etwas zustoßen sollte.

In diesem Zusammenhang ist es interessant, sich einmal jene Kreise anzusehen, die vor allem für Chatami gestimmt haben.

Es waren zunächst viele junge Leute, die ihm ihre Stimme gegeben haben, das heißt Menschen, die vollständig in der islamischen Republik sozialisiert worden sind und sich folglich an die Zeit des Schahs gar nicht mehr erinnern können. Sie bekommen von früh bis spät eingebleut, wie stolz sie darauf sein können, im islamischen Iran zu leben; zudem hören sie tagtäglich, daß sie von einer Welt von Feinden umgeben seien. Doch die vielen Stimmen für Chatami zeigen, daß die meisten dieser Propaganda nicht zum Opfer fallen, vielmehr wünschen, daß der Präsident das Land zum Westen hin öffne. Die Teheraner Jugend ist nach wie vor auf westliche Mode, Musik und Filme erpicht und begrüßt die jüngste Öffnung, die auf dem Feld des Films und der Musik stattgefunden hat.

Eine zweite Gruppe sind die Frauen. Auch sie erhoffen sich von Chatami, der besonders von vielen großstädtischen Frauen gewählt wurde, eine allmähliche Auflockerung ihres restriktiven Alltags, der trotz aller gegenteiligen Beteuerungen des Regimes über Emanzipation von Unfreiheiten jeglicher Art gekennzeichnet ist. Diese Unfreiheiten betreffen auf weite Strecken das, was für westliche Frauen längst zum Maßstab einer selbstbestimmten Lebensgestaltung geworden ist.

Die dritte Gruppe sind die Minderheiten im Lande, vor allem die Sunniten. Iran ist das einzige Land, in dem das schiitische Bekenntnis des Islams offizielle Staatsreligion ist, und zwar seit mehr als vierhundert Jahren. Mehr als achtzig Prozent der iranischen Bevölkerung sind Schiiten, die Sunniten machen etwa zehn Prozent aus. Hinzu kommen nichtislamische Minderheiten wie die Zarathustrier, die Juden und die verschiedenen christlichen Denominationen. Doch haben auch ethnische Minderheiten bei der Wahl eine Rolle gespielt. Bekannt ist der Gegensatz zwischen den turksprachigen Aserbaidschanern im Nordwesten Irans und den eigentlichen Iranern. Rivalitäten zwischen Teheran und Täbris, dem Zentrum der Aserbaidschaner, gibt es schon lange.

Das Wahlergebnis, vor allem als ein Votum der Minderheiten, ist für den Staatspräsidenten – neben seinen

Vertrauten in den politischen Organisationen und in der Regierung – die tragfähigste und damit wichtigste Stütze. Es verleiht ihm einen gewissen, freilich nicht allzu großen Spielraum für Reformen. Die Hardliner des Regimes können daran nicht vorbeigehen. Klugerweise hat Chatami bis jetzt recht vorsichtig agiert, denn er weiß, daß sich der Widerstand gegen ihn viel stärker formieren würde, wenn er Veränderungen zu rasch einleiten würde. Man muß allerdings sagen, daß Chatami als schiitischer Schriftgelehrter und Schüler Chomeinis niemals die generelle Grundausrichtung der Islamischen Republik in Frage stellen würde. Das gilt natürlich auch für die den Frauen vorgeschriebene Kleiderordnung, den „Hedschab", und vieles mehr, was auf Chomeini zurückgeht und als islamisch angesehen wird.

Ein anderes Element im System, das sich zugunsten von Reformen auswirken könnte, ist die nicht gänzlich unbestrittene Position des Revolutionsführers. Ajatollah Chamenei ist bis heute für manche im schiitischen Klerus nur so etwas wic cine Notlösung. Der im Herbst 1997 vorübergehend ausgebrochene, teilweise heftige Streit um das Prinzip „Welajat-e faghih" zeugt von diesen Rissen im System. Damals forderte einer der ältesten Schüler des Ajatollah Chomeini, der lange als sein sozusagen natürlicher Nachfolger angesehen worden war, Ajatollah Hussein Ali Montazeri, den aktuellen Revolutionsführer Chamenei heraus. Er bestritt ihm schlichtweg die theologische und menschliche Befähigung zu seinem hohen Amt. Dieser Disput gehört in die Auseinandersetzungen, die immer wieder zwischen hochrangigen Schriftgelehrten im schiitischen Islam stattfinden und daher auch in der Islamischen Republik Iran nicht ausbleiben können. Diese Schwäche des Revolutionsführers, die Tatsache, daß er nicht unumstritten ist wie Chomeini, könnte auf mittlere Frist eine Stärke des Staatspräsidenten und seiner Anhänger sein. Allerdings ist auch das Umgekehrte möglich: daß Chamenei durch mitleidlose Härte gegenüber allen Öffnungsbestrebungen seine Stellung zu festigen versucht und die Reformer wieder an die Wand drängt.

Eine zweite Revolution, die prägende und verändernde Elemente westlichen Denkens einführt, erscheint auch unter Chatami fürs erste undenkbar. Falls der Mann nicht das Opfer der Intrigen seiner Gegner wird, ist allerdings vorstellbar, daß sich das politische System des Landes auf der Grundlage des Islams weiter ausdifferenziert und damit auch „demokratischer" wird. Iran ist, politisch gesehen, schon heute nicht mehr monolithisch, sondern zeigt beachtliche Differenzierungserscheinungen, die auch im Parlament sichtbar werden. Im Grunde ist es viel zu einfach, nur zwei Lager zu unterscheiden: ein beharrendes und ein innovatives.

Betrachten wir einmal die wichtigsten Strömungen:

Da sind zunächst die Rechtstraditionalisten (rast-e sonnati). Sie werden im wesentlichen getragen von der Vereinigung der kämpfenden Geistlichkeit (Dschame-je ruhaniat- e mobarez) und beziehen ihre Legitimation aus der islamisch-theokratischen Komponente der islamischen Revolution von 1979. Maßgebend ist für sie das Prinzip der „Herrschaft des höchsten Rechtsgelehrten", wie Chomeini es seinerzeit in seinem irakischen Exil in seiner Schrift über den islamischen Staat entworfen hatte. Sie bevorzugen ein theokratisches Staats- und Gesellschaftsmodell, das sie von allen Einflüssen der „westlich-dekadenten Kultur", wie es heißt, fernhalten wollen. Im Parlament dürften sie etwa hundert Sitze haben. Zu diesem Lager gehören neben dem Revolutionsführer Chamenei auch der Parlamentspräsident Nategh-Nuri sowie der einflußreiche Ajatollah Mahdawi-Kani, natürlich auch die Mitglieder des Wächter- und Expertenrates.

Eine zweite Gruppe bilden die Technokratischen Rechtsmodernisten (rast-e modern). Ihre führende Figur ist der langjährige Staatspräsident und Vorgänger Chatamis, Ali Akbar Rafsandschani. Besonders populär ist der Oberbürgermeister Teherans, Karbastschi, ein Schriftgelehrter und Mathematiker, Computer-Fachmann, der zuvor Bürgermeister in Isfahan gewesen ist und seine dortigen Erfahrungen mit Erfolg in der Riesenstadt Teheran eingebracht hat. Eine weitere führende Figur unter den Technokraten ist Ataollah Mohadscherani. Die Technokraten werden von vielen Unternehmern und Berufsverbänden unterstützt. Sie wollen Iran auf der Grundlage des Islams in einen modernen Staat mit kapitalistischer Wirtschaft umwandeln. Wirtschaftliche Entwicklung und Industrialisierung des Landes sollen Vorrang haben vor der islamischen Ideologie, die allerdings nicht in Frage gestellt werden darf und die Gesellschaft grundiert. Auch sind die nationalen Belange Irans wichtiger als der islamische Universalismus. Etwa sechzig Abgeordnete repräsentieren diese Gruppe im Parlament.

Im Parlament zurückgegangen ist der Einfluß der dritten Gruppe, der sogenannten Linksislamisten (tschap-e eslami), die bis 1992 einen oft dominierenden Einfluß im Parlament ausübten. Sie versuchten, die liberalere Wirtschaftspolitik Rafsandschanis zu torpedieren, wo immer es ging. Mit einer strikten Austeritätspolitik wollten sie Iran finanziell autark machen. Ihre religiös-weltanschauliche Palette ist sehr breit. Sie reicht von Fanatikern wie dem ehemaligen Innenminister Hodschatoleslam Ali Akbar Mohtaschemi, einem anti-amerikanischen Eiferer, oder dem Führer der Besetzer der amerikanischen Botschaft, Hodschatoleslam Cho'iniha, bis zu dem „Liberalen" Chatami, der ihren Reihen angehört und nun nach seiner Wahl zum Staatspräsidenten dafür gesorgt hat, daß eine undogmatische Selbstbesinnung bei den Linksislamisten eingesetzt hat. Sie haben den meisten ihrer repressiven Ideen offenbar unter seinem Einfluß abgeschworen und folgen heute seinem liberalen Kurs. Möglicherweise sind sie im Begriffe, so etwas wie einen islamischen „Liberalismus" zu schaffen, der sich vor allem in einer Öffnung des kulturellen Klimas zeigt. Natürlich beherrschen auch in dieser Gruppe Schriftgelehrte das Feld, ihr Kern ist die Gesellschaft der kämpfenden Geistlichen (madschma-e ruhaniun-e mobarez) unter dem früheren Parlamentspräsidenten Hodschatoleslam Mehdi-Karrubi.

Einen absoluten Staatsdirigismus und die Rückkehr zu fast totaler gesellschaftlicher Gleichschaltung und Repression fordert die vierte Gruppe oder Strömung, die sich seit 1994 unter dem Namen Neue Linke (tschap-e dschadid) konstituiert hat. Ihr Sprecher ist der frühere Geheimdienstminister Hodschatoleslam Rai-Schahri. Die Linksislamisten sind so doktrinär, was die Verteidigung der islamischen Prinzipien angeht, daß sie oft eng mit den Rechtstraditionalisten zusammenarbeiten. In Fragen der Wirtschaftspolitik sind sie freilich mit diesen uneins, da die Rechtstraditionalisten traditionell von den Basaris getragen werden, während die Neue Linke die totale Staatswirtschaft durchsetzen will. Die Basaris wollen ökonomisch frei schalten und walten, wenden sich allerdings gegen allzu viel Konkurrenz auf dem freien Markt.

Aus dieser Beschreibung wird deutlich, daß Präsident Chatami eigentlich nur zwei Gruppen zur Verfügung hat, auf deren Mitarbeit er zurückgreifen kann: seine eigenen Linksislamisten, die jetzt einem gewissen „Liberalismus" huldigen und erst wieder Einfluß auf das politische Leben gewinnen müssen, und die Technokraten um Rafsandschani und Karbastschi. Grundsätzliche Gegnerschaft, wenn nicht Feindschaft besteht zu den Rechtstraditionalisten und zur dogmatischen Neuen Linken.

Welche gesellschaftliche und politische Entwicklung ist nun angesichts dieser vier Grundströmungen, die sich im Parlament wie in der Öffentlichkeit des Landes miteinander auseinandersetzen, unter dem Einfluß der Reformer möglich?

Ich möchte die Erwartungen dämpfen. Es wird in einem überschaubaren Zeithorizont keine zweite Umwälzung in Iran geben, die von der Tiefe und Intensität her mit der ersten, das heißt der Revolution von 1979, zu vergleichen wäre. Das System von der „Herrschaft des obersten Schriftgelehrten" ist fest etabliert, niemand kann es ernsthaft in Frage stellen, ohne mit schweren Sanktionen rechnen zu müssen. Das gilt auch für einen Mann wie Chatami. Begriffe wie Demokratie und Rechtsstaatlichkeit werden, wenn wir sie auf unsere Weise verstehen, auch in absehbarer Zeit auf Iran ebensowenig Anwendung finden können wie auf Syrien, Irak, Saudi-Arabien oder viele anderen Länder der Region. Sie sind dort, auch philosophisch, Fremdkörper in einer Kultur, die eine Teilhabe des Volkes nur sehr eingeschränkt kennt. Immerhin kann man Iran zugute halten, daß es Wahlen und Abstimmungen zuläßt, die in anderen Ländern der islamischen Welt, vor allem in der Nachbarschaft Irans, bis heute kaum vorstellbar sind.

Was denkbar erscheint, ist bestenfalls eine Demokratisierung in Form eines größeren Pluralismus innerhalb der islamischen Grundorientierung. Dies schwebt einem Mann wie Chatami durchaus vor. Doch auch er wird den grundsätzlich islamisch-theokratischen Charakter des iranischen Staates nicht in Frage stellen. Manches spricht dafür, daß es in wenigen Jahren, vielleicht um die Jahrtausendwende, so etwas wie mehrere „Parteien" in Iran geben wird, Parteien, die nichts mit unserer Auffassung von solchen Institutionen gemein haben werden, aber immerhin die wichtigsten gesellschaftlichen und politischen Strömungen, von denen wir gesprochen haben, abdecken könnten. Es gibt in Iran nicht wenige, die für die Gründung von mehreren Parteien eintreten. Da steht der Staatspräsident keineswegs allein, findet vielmehr sogar gelegentlich Fürsprecher im ultrakonservativen Lager.

Ansonsten setzt sich Chatami seit seiner Wahl sichtbar für ein offeneres geistiges Klima ein. Dabei arbeitet er mit führenden Intellektuellen wie Abdolkarim Sorusch zusammen, jenem Philosophie-Professor, der in den letzten Jahren große Schwierigkeiten mit fanatischen Eiferern oder auch den Behörden hatte. Die iranischen Intellektuellen atmen seit dem Sommer letzten Jahres freier, wissen jedoch, daß die von Chatami ausgehenden Verbesserungen jederzeit bedroht sind. Sie hoffen, daß das deutliche Wahlergebnis zugunsten Chatamis noch lange nachwirkt und den Repräsentanten des Regimes vor Augen führt, was eine große Mehrheit des Volkes wirklich will: größere Freiheiten nach innen und eine Verbesserung des Bildes ihres Landes nach außen.

Was die Außenpolitik angeht, so gestalten sich die Verhältnisse auf diesem Gebiet nicht mehr ganz so brisant wie früher. Iran ist und bleibt zwar ein Gegner des nahöstlichen Friedensprozesses und des Staates Israel. Es unterstützt die Hizbullah („Partei Gottes") im Libanon und andere islamistische Gruppen. Doch der Revolutionsexport findet sozusagen nur noch auf Sparflamme statt. In Mittelasien treibt Iran heute eine geradezu stabilisierende Politik, die allgemein anerkannt wird. Es versucht, den Einfluß der Türken einerseits und den der Russen andererseits auszubalancieren. Am Golf ist man bestrebt, die Beziehungen zu den früheren Gegnern, den konservativen Herrschern auf der Arabischen Halbinsel, zu normalisieren. Das seit vielen Jahren angespannte Verhältnis zu Saudi-Arabien ist verbessert worden. Die kleinen Golfemirate haben sich mit Teheran einigermaßen arrangiert. Selbst mit dem „kleinen Satan" (scheitan-e kutschek), dem Irak, unterhält man vermehrt diplomatische Kontakte, wenn es auch noch lange dauern wird, bis Teheran und Bagdad gutnachbarliche Beziehungen haben werden. In Iran vergißt man nicht so schnell, daß Saddam Hussein das Land im September 1980 in einem

Stadium fast gänzlicher Wehrlosigkeit überfiel und damit einen acht Jahre währenden Krieg vom Zaun brach, der die Perser eine Million Menschenleben kostete.

Wegen des bisher betriebenen Staatsterrorismus der Iraner ist das politische Verhältnis zu Deutschland und zur Europäischen Gemeinschaft (EU) trotz der unlängst vereinbarten Kontakte schlecht. Die Europäer wollen aber einem Mann wie Chatami helfen, aus seiner relativen Isolation herauszukommen und an internationaler Reputation zu gewinnen. Dies könnte seine Position im Lande weiter festigen und seinen Einfluß stärken. Ob sich die Beziehungen zwischen Iran und den Vereinigten Staaten von Amerika wirklich entspannen werden, hängt auch davon ab, ob Washington die Veränderungen in der Region, zum Beispiel auch in Iran, wahrnimmt und bereit ist, seine bisher ablehnende Haltung, das heißt die Politik der uneingeschränkten Ausgrenzung, zu modifizieren. Anzeichen dafür gibt es. Viele in Iran wissen sehr wohl um die Mängel und Defizite ihres Systems, aber die Iraner wollen nicht immer mit Deutschland oder anderen westlichen Staaten verglichen werden, was „unrealistisch" sei, sondern mit den Ländern in ihrer muslimischen Umgebung. Verglichen mit dem despotischen Irak oder mit Syrien, mit dem koranisch-konservativen Saudi-Arabien, wo Frauen noch nicht einmal Auto fahren dürfen, oder gar mit dem Afghanistan der Mudschahedin und der Taliban schneidet die Islamische Republik Iran tatsächlich auf vielen Feldern gar nicht so schlecht ab.

Die Jahrtausendwende wird in der Region, in welcher die Islamische Republik Iran liegt und einen gewissen Einfluß entfaltet, von einer Neuauflage des vormaligen „Great Game" bestimmt, das heißt vom Kampf um Macht und Einfluß in Mittelasien, wo große Erdöl- und Erdgas-Vorkommen entdeckt worden sind. Der Kampf um die Märkte hat diesmal mehr Mitspieler als während des Ersten Weltkrieges in den zwanziger Jahren des 20. Jahrhunderts, wo im wesentlichen Rußland und Großbritannien die Akteure gewesen sind. Heute spielen neben Amerika und Rußland auch China, Japan, Korea, Pakistan, Saudi-Arabien und andere mit. Die europäischen Länder scheinen dabei schon auf der Strecke geblieben zu sein. Iran hält sich in diesem Spiel gut, zieht seine Fäden geschickt und betreibt, insgesamt gesehen, in Mittelasien und auch im Kaukasus eine durchaus konstruktive Politik. „Ohne die Iraner wären wir verhungert", sagte mir Mitte der neunziger Jahre ein Armenier in Eriwan. Iran knüpft hier an alte historische Bindungen und Erfahrungen an; vor allem die muslimischen Republiken in Mittelasien, im früheren Transoxanien, empfindet es als seinen kulturellen Hinterhof. Diskret, aber doch entschieden wahrt Teheran in diesen Ländern seine Interessen, besonders in Aserbaidschan, wo ebenfalls Schiiten leben, in Turkmenistan und in Usbekistan, wo die mittelalterliche persische Kultur einst in Städten wie Buchara und Samarkand zu höchster Blüte entfaltet wurde. Doch auch bis in das unruhige Tadschikistan hinein reicht der iranische Arm, denn die Tadschiken, obschon Sunniten, gehören ebenfalls der iranischen Sprach- und Kulturgemeinschaft an. Gewiß: Iran versucht hier, die religiösen Kräfte gegen die weltlichen zu stützen, wie anderwo auch. Das ist sozusagen die raison d'etre gegenwärtiger iranischer Existenz und Politik. Doch Teheran fügt diese Interessen-Wahrung ein in eine konstruktive Vermittlung zwischen den konkurrierenden Parteien.

Ein Schlüssel-Land im neuen „Großen Spiel" ist das zerfallene, vom Bürgerkrieg grausam zugerichtete Afghanistan. Im größten Teil dieses Landes übt ein Islamismus brutalsten Zuschnitts die Herrschaft aus. Doch die ihn exekutieren, die sogenannten Taliban, sind nichtsdestoweniger von Washington unterstützt worden. Den Amerikanern lag, wegen ihrer Ölinteressen in der Region, die Stabilität Afghanistans nach fünfzehn Jahren Krieg mit den Russen und anschließendem Bürgerkrieg besonders am Herzen. Da sollte Washington, um der strategischen und ökonomischen Großwetterlage willen, auch imstande sein, seine Beziehungen mit der Islamischen Republik Iran zu verbessern, natürlich nicht ins Blaue hinein und ohne Vorleistungen. Zumal Präsident Chatami, sollte er denn nachhaltigen und dauerhaften Einfluß auf sein Land gewinnen können, könnte die Gewähr dafür bieten, daß solche Bemühungen nicht vergeblich sein müssen. Angesichts des Scheiterns aller bisherigen Versuche einer „Eindämmung" (containment) und angesichts der eklatanten Verzerrungen westlicher Orient-Politik wäre es an der Zeit, im Westen einmal grundsätzlich über das Verhältnis zum islamischen Orient nachzudenken. Denn eine notwendige Abgrenzung gegen alle Formen des Fanatismus muß einhergehen mit einem vertieften Verständnis einer Kultur, die im großen ganzen sie selbst bleiben und als solche endlich ernstgenommen sein möchte. Daran hat es in den vergangenen Jahrzehnten entschieden gemangelt. Im letzten Kapitel wollen wir deshalb für eine weltpolitische Wende gegenüber dem Islam plädieren, die indessen auf einem vertieften Verständnis gerade auch der Andersartigkeit des islamischen Orients gründet. Dieses Bemühen ist als eine schöpferisch weiterführende Ergänzung zu Huntingtons These vom Zusammenprall der Kulturen gedacht.

Islamkunde und Weltpolitik

Eine politische Bußpredigt

„Die Völker arabischer Sprache sind Europa nicht nähergerückt. Das Verständnis ihrer Kulturen im Westen nimmt eher ab.“

HARALD VOCKE

In keinem anderen Land der Welt gibt es so viele Orientalisten und Islamkundler wie in den Vereinigten Staaten von Amerika. Es ist deshalb erstaunlich zu sehen, wie dilettantisch die einzig verbliebene Weltmacht bisweilen die „orientalische Frage“ handhabt. Sie scheint offenbar den gesammelten Sachverstand der Fachleute, von denen viele sogar familiäre Wurzeln im Vorderen Orient haben, aber längst Amerikaner und noch dazu gute amerikanische Patrioten sind, nicht zu nutzen und auch gar nicht nutzen zu wollen. Denn anders sind gewisse Fehlleistungen und Fehleinschätzungen der vergangenen Jahrzehnte durch Washington und seine Diplomaten kaum zu erklären.

Doch die Amerikaner stehen damit keineswegs allein. Die europäische Nahost-Politik mag zwar insgesamt ausgewogener und differenzierter sein als die amerikanische, doch ein Glanzstück kundiger Diplomatie ist sie in den seltensten Fällen gewesen. Es fällt auf, daß es nicht an gutem Willen fehlt, sondern vor allem an tieferen Einsichten in die Kultur der östlichen Nachbarwelt, die auch zu Deutungen kulturphilosophischer und kulturgeschichtlicher Art führen können. Vor solchen Deutungen herrscht heute große Angst, weil sie, ohne zu urteilen, nicht möglich sind. Urteile aber, die es nicht allen recht machen oder die überhaupt Unterschiede feststellen, sind in einer Welt der „political correctness" mittlerweile gefährlich geworden. Die Europäer wollen schon das Richtige tun, wissen jedoch oft nicht, worin es besteht. Sie legen ihren Handlungen Kenntnisse aus Wirtschaft und Geo-Strategie zugrunde, zwei Gebieten also, auf denen sie durchaus beschlagen sind; doch andere Felder des Wissens werden ausgeklammert oder vernachlässigt. Die islamische Welt als eigenständige Hemisphäre und Kultur, als kultureller Kosmos, der für sich selbst steht, ist zuwenig bekannt und wird daher immer wieder falsch eingeschätzt. Die unselige politische Korrektheit legt sich zunehmend lähmend über alle Felder des Denkens und Erkennens, so daß es immer unpopulärer wird, aus gewonnenen Einzel-Erkenntnissen, aus dem bloßen Empirismus, auch einmal Konzepte abzuleiten; sie könnten Einschätzungen enthalten, die nach Auffassung der neuen Zensoren und politischen Moral-Apostel „pauschal" und damit schlicht „unerlaubt" sind.

Nicht, daß die Muslime daran nicht auch Schuld hätten! Es ist bisweilen schwer, ihr oft bizarres, zuweilen auch kraß antiwestliches und in vielem wohl schwer erklärliches Verhalten zu begreifen und richtig einzuordnen. Doch dieses Verhalten kann vom Westen weder ignoriert noch aus eigener Kraft geändert werden; er kann es nur dadurch zu seinen Gunsten beeinflussen, daß er sein Verhältnis zu und sein Verhalten in dieser Nachbarwelt Europas mit größerer Kenntnis gestaltet als bisher. Mit Unwägbarkeiten und unvorhergesehenen, weil unvorhersehbaren Turbulenzen muß er dabei politisch immer rechnen.

Die Nahost-Politik des Westens, auch die der Amerikaner, war in den vergangenen Jahren – nach dem drastischen Einschnitt des zweiten Golfkrieges – zunächst etwas besser geworden. Davon zeugte, unter anderem, der sogenannte Friedensprozeß zwischen Israel, den Palästinensern und den arabischen Nachbarstaaten. Amerika hatte sich auf der Madrider Konferenz 1991 und nach den Oslo-Vereinbarungen 1993 teilweise als „ehrlicher Makler" bewährt, während die Sympathien und Anstrengungen der Europäer für den Friedensprozeß unübersehbar sind, vor allem deren wirtschaftliches Engagement. Doch in der zweiten Amtszeit Präsident Clintons hat Amerikas Ruf als „honest broker" schweren Schaden genommen. Verursacht durch Terroranschläge der islamistischen Hamas-Organisation in Palästina verhärtete sich die Haltung der Amerikaner wieder allzu sehr zugunsten Israels, auch wenn man in Washington die Politik von dessen Führer Netanjahu als falsch, ja oft als bewußt destruktiv empfand und das auch zum Ausdruck brachte. Die amerikanische Haltung war jedoch nicht entschieden genug, so daß die arabische Welt Ende der neunziger Jahre wieder einmal das Gefühl bekam, im Zweifel könne Israel doch immer tun, was es wolle; Amerika halte zu ihm. All dies schien auch jene Gerüchte von der westlichen Weltverschwörung gegen den Islam zu bestätigen, die offenbar unausrottbar in muslimischen Köpfen spuken.

Die Europäer reagieren zwar empfindlicher auf israelische Provokationen und Unterlassungen, bleiben freilich gegenüber der islamischen Welt so ratlos wie eh und je. Es war in den neunziger Jahren viel die Rede von „kritischen Dialogen" (vor allem mit Iran) und von der euro-arabischen Begegnung; man müsse „im Gespräch" bleiben, dürfe Kontakte „nicht abreißen" lassen und wie derlei Phrasen noch alle lauten. Doch diese guten Absichten sind zerronnen, kaum daß ihre Verwirklichung eingeleitet worden war. Der euro-arabische Dialog ist heute so gut wie inexistent. Der Dialog mit der Islamischen Republik Iran hat sich als ein fragiles Gewebe von mehr zufällig als systematisch geknüpften Gesprächsfäden gezeigt.

Wenn wir uns hier zugunsten der Muslime in die

Bresche schlagen, geschieht das nicht, um deren enorme Defizite auf den Feldern Demokratie und Menschenrechte zu beschönigen oder gar zu rechtfertigen. Sie hängen mit dem Zusammenprall des Islams mit der Moderne zusammen und müssen von den Muslimen selbst im Laufe der Zeit bewältigt werden. Es geht vielmehr um eine grundsätzliche Orientierung, die für die internationale Politik höchstens in Ansätzen zu erkennen ist.

Der Westen muß endlich mit der islamischen Welt prinzipiell ins reine kommen, jedenfalls soweit das möglich ist. Er muß seine Kenntnise über sie vertiefen und seine Beziehungen zu ihr so stetig und widerspruchsfrei wie möglich gestalten. Dies ist um so wichtiger, als der islamische Orient der direkte Nachbar des Westens ist und bleiben wird. Wir sind sozusagen zu Beziehungen verurteilt.

Oft kann man hören, es gebe nicht genug Wissen über den Islam. Das ist Unsinn. Alleine in Deutschland sind seit den Pioniertagen der Islamkunde im 18. Jahrhundert ganze Bibliotheken über Kultur und Geschichte des Islams vollgeschrieben worden. Spezialisten haben sich mit allen nur denkbaren Gebieten des Islams befaßt und darüber auch eindrucksvolle Werke verfaßt. Für die anderen vergleichbaren westlichen Länder gilt das nicht weniger. Der Inhalt dieser Forschungen wird von den maßgeblichen Stellen nur nicht zur Kenntnis genommen. Es wäre so, als betriebe man Wirtschaftspolitik und Welthandel, ohne die wichtigsten ökonomischen Theoretiker gelesen zu haben: Adam Smith et altera, bis hin zu Keynes und Milton Friedmann. Man frage aber einmal in den auswärtigen Ämtern westlicher Staaten nach, ob dort die Namen eines Ignaz Goldziher, eines Edward G. Browne, eines Montgomery-Watt – und wie die bekanntesten unter den europäischen Islamkundlern noch alle heißen mögen – auch nur flüchtig bekannt sind, von ihren Werken einmal ganz zu schweigen. Man wird da, so vermute ich, auf weitgehendes Unwissen stoßen. Die Islamkunde hat in den vergangenen Jahrzehnten ein Mauerblümchen-Dasein geführt, vor allem in Deutschland, wo das Ideal einer unpolitischen Gelehrsamkeit lange vorherrschte. Insofern trifft auch diese Seite, wie der bekannte Tübinger Orientalist Heinz Halm in einem Zeitungsartikel betont hat, eine gewisse Schuld.

Doch die westlichen Politiker müssen den Schulterschluß mit den Islamkundlern suchen, und zwar mit historischen Vertretern dieses Faches und deren Werken ebenso wie mit lebenden, zeitgenössischen Gelehrten, im Okzident wie im Orient. Die Islamkunde ist nicht Luxus, keine Wissenschaft für Eskapisten, die in das Land exotischer Träume und Phantastereien flüchten, sondern sie ist angesichts der gegenwärtigen weltpolitischen Verhältnisse geradezu zu einer Basis-Wissenschaft geworden. Sie ist bitter notwendig, lebensnotwendig. Nicht nur die Wichtigkeit des Erdöls als des Schmiermittels der modernen Zivilisation, auch die Bedeutung des Islams selbst mit seiner mehr als einer Milliarde Menschen haben dafür gesorgt, daß es so ist. Die Auffassung, daß viele islamische Länder ja unterentwickelt seien und deshalb keine großen Herausforderungen an die internationale Politik darstellten, ist grundfalsch. Will man im Nahen Osten, so muß gefragt werden, immer wieder Turbulenzen nach bekanntem Muster erleben, oder hat man ein Interesse daran, daß dort endlich einmal Stetigkeit und Berechenbarkeit zum Nutzen aller ihren Einzug halten? Dies hängt auch vom Westen ab. Der Nahe Osten wird heute nicht zu Unrecht als das „zweitwichtigste Thema" („second issue") der internationalen Politik definiert. Etwa die Hälfte aller internationalen Krisen zwischen Algerien, dem Balkan und dem Kaukasus ist im weitesten Sinne mit dieser Thematik verbunden. Andere Konflikte können in der Region jederzeit hinzukommen.

„Haben wir denn Aussatz?"

Wie oft habe ich nicht diese Frage aus dem Munde muslimischer Freunde vernommen, wenn sie sich wieder einmal über eklatante Verzerrungen in der westlichen Nahost-Politik beklagten. Dies gilt vor allem, wenn auch nicht nur, für das Beziehungsgeflecht zwischen dem Westen, Israel und der arabisch-muslimischen Welt. Es bedarf hier nicht der Aufzählung von Einzelheiten, um zu verstehen, was gemeint ist. Daß auch der sogenannte nahöstliche Friedensprozeß daran leidet, daß wesentliche Ungleichgewichte zugunsten Israels bestehen, liegt für jeden unvoreingenommenen Beobachter klar auf der Hand, auch wenn die israelische Seite das anders sehen mag. Dabei will die arabische Seite keine ungebührliche Parteinahme, etwa der Amerikaner, allein zu ihren Gunsten. Sie weiß, daß der Westen keine urtümlich „islamische" Sicht der Dinge haben kann. Sie möchte aber wenigstens, daß die Regeln jener Fairneß eingehalten werden, die sie im Westen noch immer als vorhanden vermutet, aber seit Jahrzehnten vermißt. So werden Verhaltensweisen Israels, die internationalem Recht widerstreiten, im Zweifel geduldet oder zumindest als gerechtfertigte Selbstverteidigung charakterisiert. Oder man schweigt ganz einfach, während dieselben Regelwidrigkeiten und Verletzungen auf arabischer Seite als zutiefst strafwürdig angesehen werden. Um Klartext zu reden: Israel kann bis heute ungestraft Resolutionen der Vereinten Nationen souverän mißachten (zum Beispiel über den illegalen Bau von Siedlungen im Westjordanland oder über den Rückzug aus dem Libanon), während arabische Staaten für eine ähnliche Handlungsweise mit Sanktionen überhäuft werden.

Vor allem in Amerika hat man gelegentlich den Eindruck, als werde „der Araber" von der Öffentlichkeit in erster Linie als potentieller Terrorist oder einfach nur als Glaubensfanatiker wahrgenommen. Doch Arabien, das auch den Islam hervorgebracht hat, war und ist, wie wir gesehen haben, eine Hochkultur, mag deren Zustand im Augenblick auch vielerorts beklagenswert sein. Westliche Herablassung ist nicht am Platz. An der Auffassung vieler Araber und Muslime, sie würden als der „underdog“ der Weltgemeinschaft behandelt, ist manches hysterisch oder zumindest übertrieben; man wird aber angesichts der realen Konstellationen und Verhaltensweisen in der internationalen Politik diesen Eindruck nicht als gänzlich falsch abtun können. Nicht zuletzt diese Ungleichbehandlung hat auch die Heraufkunft all jener Ideen gefördert, die heute unter dem Stichwort des Islamismus für Unruhe sorgen. Ein überdimensionaler Unterlegenheits-Komplex gegenüber dem Westen, gepaart mit gleichzeitiger Bewunderung von dessen Stärke (auch in der Technik), ist heute die Grundbefindlichkeit der arabo-islamischen Zivilisation, die jeder berücksichtigen muß, der mit ihr umgeht.

Es geht, wie gesagt, nicht um die Frage einer umfassenden Kenntnis von Einzelheiten über die arabische und muslimische Welt allein; diese sind im Zweifel vorhanden. Es geht vor allem auch um Erkenntnis und Deutung. Um die Erkenntnis einer Kultur und der sie tragenden Grundlagen und Bedingungen. Von deren Eigentümlichkeiten handelt die Islamkunde, sei sie nun historisch oder zeitgenössisch ausgerichtet. Es mag sein, daß das altmodisch erscheinende Wort von der „Wesenserkenntnis“ am besten zu beschreiben vermag, was wir meinen. Auch wer als Nominalist Begriffe wie „Wesen“ aus philosophischen Gründen ablehnt, vermag vielleicht doch eine Summe von Gemeinsamkeiten über eine Kultur auszumachen, die es beim Umgang mit ihren Angehörigen zu berücksichtigen gilt. Da kann die Islamkunde helfen, ohne Patentrezepte zu liefern. Menschliche Kommunikation kann generell nicht auf Rezepten beruhen, ein Fehler, den ja auch die Popularpsychologie immer wieder macht.

Der Islam ist eine Hochkultur. Darauf sind die Muslime

stolz. Stark ausgeprägt ist ihr Ehrgefühl (al-karama). Es bestand bei den Arabern schon vor dem Islam, wovon die altarabische Beduinendichtung kündet, hat sich jedoch durch diesen eher noch verstärkt und universalisiert. So muß eine Politik, die nicht ausgewogen partnerschaftlich ist, das Ehrgefühl von Arabern und Muslimen ständig und auf eine Weise verletzen, die der westlichen Kultur weitgehend unverständlich geworden ist. Dort gilt das Ehrgefühl ja als längst überholte Kategorie aus den Zeiten eines übersteigerten Nationalismus, der Monarchien oder der Duelle. Es gilt als archaisch, als Atavismus, der durch nüchterne Rationalität, durch den Verstand eben, abgedrängt und schließlich ganz aus dem Bewußtsein getilgt werden muß. Ehrlosigkeit in familiären Belangen wie in denen der religiösen oder politischen Gemeinschaft ist jedoch für den arabischen Muslim (wie übrigens auch für den christlichen mediterranen Menschen in Griechenland oder auf Sizilien) eine der schlimmsten Entfremdungen, die denkbar ist. Hier wird zwischen Mittel- und Nordeuropa sowie Südeuropa und dem Orient ein wichtiger Gegensatz virulent, der in ganz ähnlicher Weise auch zwischen Nordamerika und Südamerika, zwischen den „Latinos" und den „Gringos" festzustellen ist.

Was ist besser: das Ehrgefühl zu hegen oder es abzuschaffen? Um diese Frage kann es hier nicht gehen. Man muß jedoch wissen, wie ein bestimmtes Verhalten auf das Ehrgefühl, das hier gemeint ist, wirkt. Wenn der Westen sich nicht entschieden genug gegen israelische Provokationen in Ostjerusalem wendet – um nur dieses Beispiel zu erwähnen –, so wirkt dies auf die arabischen Muslime nicht nur als eine falsche Politik, sondern auch und vor allem als beschämend und durch und durch demütigend. Es kränkt eben die Ehre.

Kenner der nahöstlichen Kulturen wissen auch um den gänzlich verschiedenen Zeit-Begriff zwischen westlicher und östlicher Welt. Wenn sich solche Kategorien auch unter dem Ansturm der Moderne ein wenig verschoben und verwässert haben mögen, so sind sie doch noch immer vorhanden. Planen, beschließen, durchführen – diese westlich empfundene lineare Vorstellung des „Tathandelns“ (Fichte), diese Trias des „Faustischen“ (Spengler), ist im Orient fehl am Platze. Wer keine Zeit mitbringt, wird sich dort auf die Dauer auf verlorenem Posten wiederfinden, auch in der Politik. Daran hat die äußerliche Hektik der modernen Zeit nur oberflächlich etwas geändert. Politiker, die nicht bereit sind, sich auf einen gänzlich anderen Zeitbegriff einzustellen, haben von vornherein keine Chance, im islamischen Orient irgendetwas Positives zu bewirken. Dies gilt sogar für den privaten, individuellen Bereich. Und es gilt auch für europäische Regionen, die von der mediterranen Kultur der Antike oder vom Islam geprägt worden sind. Schon der Balkan hat andere Vorstellungen von der Zeit als Mitteleuropa.

Mit dem verschiedenen Zeitbegriff verwandt ist eine Kategorie, die ich – in Anlehnung an Erkenntnisse, wie sie der frühverstorbene Orientalist Rudolf Gelpke („Vom Rausch im Orient und Okzident“) aus der persischen und arabischen Dichtung gewonnen hat – als „Gegenwärtigkeit“ bezeichnen möchte. Damit ist ein Leben im und für den Augenblick gemeint, das sich bewußt von Vergangenheit wie Zukunft absetzt oder vielmehr beide, sie im geradezu Hegelschen Sinne synthetisch aufhebend, in sich hineinnimmt. Eine Unschärferelation des Zeitlichen ist das, welches auch im unscharfen Zeitbegriff der arabischen wie (weniger) der persischen Sprache präformiert ist. Die Zeit wird punktuell erlebt, nicht linear. Auch ein Historismus ist unbekannt, die eigene Geschichte reicht in die Gegenwart hinein und ist im Bewußtsein der Menschen vorhanden, als hätten sich die Dinge erst gestern ereignet. Eine „ferne“ Geschichte gibt es, sofern es die eigene Kultur betrifft, eigentlich nicht, seien dies die Entstehung des Islams oder die Geschichte der Kreuzzüge – ein Ereignis, das dem Westen längst aus dem aktuellen Bewußtsein entschwunden ist, während es im Orient noch immer gegenwärtig zu sein scheint und auch politische Wirkungen entfaltet. „Gegenwärtig" in diesem Sinne ist auch – und dies gilt sowohl für tiefgläubige wie für laue Muslime – die Größe und Erhabenheit der eigenen Religion, deren wichtige Figuren, vor allem natürlich der Prophet Muhammad selbst, ungeheuer lebendig geblieben sind. Die Erregung über den „Fall Rushdie" beweist es. Muslime vermögen hier nicht zu verstehen, warum der Westen diesen Schriftsteller und seine Freiheit verteidigen muß, selbst wenn er dessen Werk inhaltlich und formal ablehnt. Der Streit um die „Rushdie-Fatwa" machte den jeweiligen Mangel an Kenntnissen beider Kulturen voneinander auf schmerzliche und dramatische Weise deutlich. Westliche Menschenrechte gegen die Ehrverletzung der Muslime durch Beleidigung ihres Propheten, der als religiöser wie kultureller Archetyp einer unbefragbaren Größe allgegenwärtig ist.

Politische Rivalitäten – auch dies zählt zum Thema „Gegenwärtigkeit" – zwischen arabischen Führern werden immer noch mit dem Argument der „Abstammung vom Propheten" ausgetragen. So etwa vor Jahren, als der König von Jordanien gegenüber dem irakischen Staatschef Saddam Hussein und dem saudischen König Fahd seine Abstammung aus dem Propheten-Haus der Banu Haschim vom Stamme der Quraisch geltend machte. Der saudische König muß sich dadurch legitimieren, daß er die heiligen Stätten des Islams in Mekka und al-Madina „hütet", das heißt schützt, und sich imstande zeigt, die alljährliche Pilgerfahrt, die Haddsch, perfekt zu organisieren. Wenn sich im Westen an einem christlichen Pilgerort ein Unfall ereignet, bleibt dies ein Unfall, dessen Ursachen man erforscht. Im Orient ist das sofort Politik.

„Im Duft der Zeit“. Diesen sprechenden, treffenden Titel gab der Nahost-Kenner und Journalist Harald Vocke einem schmalen Buch, in dem er den Versuch unternahm, westöstliche Weltgegensätzlichkeit anhand seiner Erfahrungen im arabischen Orient zu beschreiben. Neben dem verschiedenen Zeitbegriff, der ihn an Marcel Proust und dessen Roman „Auf der Suche nach der verlorenen Zeit“ erinnerte, beschäftigte ihn dabei die Sinneserfahrung, die Art und Weise, wie der Orientale Düfte und Geschmäcke wahrnimmt. Arabische Küche und Parfums, Aphrodisiaka und hier und da auch Rauschgetränke (die der Glaube zwar untersagt, aber Jahrhunderte lang geduldet hat) zeugen von einer Lebenslust, die sich vom modernen westlichen Hedonismus radikal unterscheidet. Der westliche Hedonist konsumiert die sinnlichen Genüsse in hektischer und flacher Weise, weil er andere nicht (mehr) kennt oder eben weltanschaulich ein Nihilist ist. So muß der Lebensgenuß (das „carpe diem“) die metaphysische Sinnleere überspielen. Der Hedonismus des Orientalen ist – man kann das für paradox halten – ein spiritueller. Sogar die Speisen sind in einem sakralen Bezug zu sehen, während der Westler längst schon profan ißt, zu allen Jahreszeiten auf demselben Niveau, ohne Gliederungen saisonaler oder religiöser Natur.

Der Orientale kostet die Genüsse der Welt intensiv aus, gerade im Angesicht ihrer Vergänglichkeit, die freilich für ihn auf die Ewigkeit verweist, der sie als von Gott geschaffene Dinge jederzeit angehören. Er genießt das Materielle, gerade weil er um seinen flüchtigen, täuschenden, schleier- und traumartigen Charakter weiß, verdichtet im zeitlosen Augenblick. Für die Menschen des Ostens, keineswegs nur des islamischen, hat die Welt tatsächlich immer etwas Flüchtiges, fast Traumartiges an sich gehabt. Der Westen neigt dazu, diese Auffassung als mangelnden Realismus zu kennzeichnen – eine Interpretation, die nach den Erkenntnissen unserer modernen Physik vieles von ihrer Eindeutigkeit und Stimmigkeit verloren hat.

Was ist Realität, und wie erkennen wir sie? Diese uralte Frage der Erkenntnistheorie ist heute, in einer Zeit, da sich die einst so feste „Materie" als Grundstoff der „Wirklichkeit" in Energiefelder und mathematische Abstraktionen verflüchtigt hat, so umstritten wie eh und je.

Gänzlich „vorkritisch" im Sinne der Philosophie Wittgensteins und des logischen Empirismus ist das Verhältnis des Muslims zur Sprache. Wer arabische Reden analysiert, weiß, daß der Begriff dort Wirklichkeit setzt und ersetzt. Titus Burckhardt, der große Erforscher maurischer Kunst und islamischer Mystik, hat darüber gelegentlich gehandelt. Die Skepsis der modernen Sprachphilosophie eines Saussure, Wittgenstein und ihrer Nachfolger ist zwar den Gebildeten unter den Orientalen durchaus bekannt, aber kaum in ihr Bewußtsein, geschweige denn in die Kultur eingedrungen. Das Gesagte ist wirklich und fast immer auch das Geglaubte, wenn auch nicht immer das Gemeinte. Als der ägyptische Staatspräsident Gamal Abdal Nasser im Sechstage-Krieg 1967 behauptete, Tel Aviv sei bombardiert worden und brenne lichterloh, obwohl damals schon die ägyptische Luftwaffe zerstört war, glaubte er subjektiv, daß es so sei, obwohl er objektiv wußte, daß es nicht sein konnte. Seine Zuhörer glaubten es erst recht. Interessant ist nun, daß Nasser für das Sprachempfinden seiner Kultur gar nicht die Unwahrheit sagte, als er behauptete, Tel Aviv brenne. Die Sprache bannt nämlich die Wirklichkeit. Sie hat etwas Magisches.

Zudem gibt es kaum eine Sprache, die wie das Arabische sowohl den Verstand wie die Emotion gleichermaßen zu fesseln vermag. Arabisch ist die einzige Sprache, die fast mit dem gesamten Thorax gesprochen wird. Hört man arabische Politiker reden, muß man vieldimensional hinhören; der „Westler" klopft diese Reden nur nach dem in seinen Augen konkreten, real faßbaren, kausalen Gehalt ab, der Nebenton und die Emotion entgehen ihm gänzlich, ebenso die politische Absicht, die nicht immer leicht zu durchschauen ist, weil der kulturelle Kontext unbekannt ist. Ein Musterbeispiel dafür bot Saddam Husseins Rhetorik während der Golfkrisen. Der Araber begreift seine Sprache als einen „Qamus", einen Ozean, auf dem er räumlich und zeitlich unendliche Richtungen einschlagen kann.

Theoretisch kennt der Islam nur Muslime, ohne Ansehen der Rasse oder der Herkunft. In der Praxis verhält sich das allerdings oftmals anders, wenn auch dem Islam zugestanden werden kann, daß er auf diesem Gebiet in seinen Glanzzeiten besondere Leistungen auf dem Felde der Multi-Ethnizität erzielt hat. Bis heute sind die Muslime stolz darauf, daß der erste Muezzin oder Gebetsrufer ein abbessinischer Schwarzer gewesen ist: Bilal al-Habaschi. Noch immer benennt man Moscheen nach ihm, um den Anti-Rassismus des eigenen Glaubens zu dokumentieren. Doch sowenig der Islam den Rassismus wirklich beseitigen konnte (er ist bei vielen Arabern und Persern noch immer ausgeprägt), sowenig konnte er die Herrschaft von Stämmen abschaffen. Selbst wenn man in Rechnung stellt, daß die alte Kultur der Beduinen, sofern sie diesen Namen verdient, im 20. Jahrhundert fast ganz zerstört worden ist, spielen doch Stammesstrukturen und ihre Verbindungen im politischen Leben Vorderasiens noch immer eine Rolle, die man kennen muß. Und wenn es nicht Stämme im traditionellen Sinn sind, dann eben Clans und Großfamilien. Die weitgehend künstlichen Nationalstaaten der muslimischen Welt, vor allem der arabischen, hat man einmal in einem Bonmot als „Stammesherrschaften mit National-Flaggen" bezeichnet. Das mag überspitzt sein, trifft aber trotzdem etwas Richtiges. Politik ist dort unmöglich, ohne diese spezifische Herrschaftsstruktur zu berücksichtigen, einschließlich der Tatsache, daß sie die inneren Auseinandersetzungen des jeweiligen Landes bestimmt. Auf sie gilt es in mannigfacher Weise Rücksicht zu nehmen. Wer in offizieller Mission in den Jemen oder in den Irak reist, nach Syrien oder Jordanien muß diese Art spezieller Herrschaftsausübung und ihre wichtigsten Strukturen kennen. Auch Provinzgouverneure und sogar Bürgermeister sind oft Angehörige einer führenden Familie, die jahrhundertealtes Gewohnheitsrecht in Anspruch nimmt, wenn sie Macht und Einfluß ausübt, sei es mit, sei es ohne Wahl. Im Zweifel ist die Wahl bis heute ohnehin nur eine Formalität.

Formalitäten, bei uns eher lästiges Beiwerk, sind im islamischen Orient noch immer wichtig. Nicht umsonst wurden das Beamtentum und die Hierarchie im Orient erfunden, mit allen Vor- und Nachteilen, die sie mit sich bringen. Auf den meisten Ländern der Region lastet die Bürokratie zentnerschwer; und doch geht nichts ohne sie. Da mag selbst das gebieterische Wort eines Staatspräsidenten oder Königs in den Amtsstuben der Bürokraten versickern, ohne Gehör zu finden oder verwirklicht zu werden. Die Bürokratie hat sich zur selbständigen Herrschafts-Form entwickelt. Das erschreckendste Beispiel dafür liefert Ägypten. Freilich ist eine wuchernde Bürokratie keine orientalische Spezialität allein.

Überhaupt ist die islamische Kultur stark formalisiert. Die Form spielt eine große Rolle, obschon die Hektik der modernen Zeit manches davon zum Einsturz gebracht hat. Das beginnt mit gewissen Begrüßungs- und Gesprächsformeln und endet mit der korrekten Kleidung. Schlamperei und Nachlässigkeit als Ausdruck höherer Freiheit, Individualität und angeblicher Souveränität gelten nichts im Orient. Der Muslim denkt formal. Seine klassische Dichtung ist von so großer formaler Vielfalt, daß ihm die europäische Lyrik häufig primitiv und kunstlos erscheint. Überhaupt tritt das Individuelle, wie man es im Westen versteht, zurück in dieser Kultur. Die Musik des

Orients ist ungeheuer komplex und vielgestaltig, viel komplizierter als das westliche Tonsystem. Sie ist aber primär nicht Ausdruck einer individuellen Persönlichkeit, sondern formalisierter Ausdruck des Allgemeinen. Auf den Westler wirkt sie deshalb oft eintönig. Anders als bei Bach, Mozart, Beethoven, Bruckner oder Mahler kann man die schöpferische Individualität des Komponisten nicht heraushören, auch nicht auf den zweiten Versuch. Seinen perfektesten Ausdruck findet der formalistische Genius des Islams jedoch in der Kalligraphie, einer urislamischen, abstrakten, „objektiven" Kunst, die in der Architektur die Materie vergeistigen und „entwirklichen" soll.

Einen Kosmos für sich, der sich in mancher Hinsicht auch von seiner sunnitisch-islamischen Umwelt unterscheidet, bildet der schiitische Islam. Zwar heben Islamisten heute immer wieder hervor, die Spaltung der Muslime (al-fitna) gehe auf Machenschaften der Feinde zurück; doch diese Behauptung ist so lächerlich, daß man sie nicht ernst nehmen kann. Die westlichen Kolonialmächte waren ja unter anderem deshalb so erfolgreich, weil die Muslime schon vor ihrer Ankunft zerstritten und gespalten waren. Die Schiiten hatten gegenüber den Sunniten womöglich noch größeren Abscheu als vor den Europäern, deren Zahl zunächst ja nicht groß war. Reisende berichten, daß man sich in Iran noch im vorigen Jahrhundert die Hände wusch, wenn man sich durch Berührung eines „Ungläubigen" verunreinigt hatte. Das konnte jederzeit auch ein Sunnit sein. Lange woben die Schiiten in ihre Teppiche den Namenszug des ihnen verhaßten Kalifen Omar Ibn al-Khattab (634–644) ein, damit man ihn tagtäglich mit Füßen treten konnte.

Einkreisungsfurcht ist das hervorstechende Merkmal schiitischer Kulturalität. Das kollektive Kerbela ist der Archetypus, der Denken und Fühlen bestimmt. Für jeden gläubigen Schiiten ist Kerbela die wichtigste Kategorie seines Lebens. In Kerbela im Zweistromland wurde 680 nach Christus der Imam Hussein mit seinen siebzig Getreuen von den Omajjaden gemeuchelt, was für die Schiiten das Ende aller Machtträume im Kalifat bedeutete. Die kollektive Trauer um dieses Martyrium in Verbindung mit der Furcht, die Welt könne den Schiiten jederzeit an den Kragen, wie damals dem Hussein, definiert einen Teil der schiitischen Weltwahrnehmung. Hinzu kommt die persische Lichtmetaphysik, die bis auf die Zeit des Propheten Zarathustra zurückgeht, danach jedoch auch in den persischen Islam eindrang. Unter dem abstrakten Gesichtspunkt des „tauhid", der koranischen Einheit von Gott und Welt, ist die schiitische Welt zutiefst dualistisch geblieben. Ihre Abwehr alles Fremden grenzt zuweilen an eine kollektive Klaustrophobie. Die Amerikaner, die in Iran niemals als klassische Kolonialmacht aufgetreten sind, wie etwa die Briten oder die Russen, sind in diesem Kontext so etwas wie der repräsentative Stellvertreter jener finsteren Mächte geworden, mit denen man nichts zu schaffen haben mag. Die Aversion vieler Iraner gegen die amerikanische Regierung ist mit aus der Geschichte entnommenen Argumenten, mit den teilweise groben Fehlern der amerikanischen Politik alleine nicht zu erklären; andere, im kulturellen Archetypus liegende Elemente müssen hinzukommen.

Wir haben hier nur einige Punkte west-östlicher Weltgegensätzlichkeit angesprochen. Solches Wissen muß einfließen in die internationale Politik, soweit sie sich mit dem islamischen Orient beschäftigt. Die Zeit kolonialistischen Zugriffes auf diese Region ist lange vorbei, doch gelegentlich ist zumindest noch eine herrschaftliche Attitüde gegenüber dem Islam zu spüren, und sei es in Form von Herablassung oder Verachtung. Die Muslime müssen jedoch vom Westen das Gefühl vermittelt bekommen, daß er zwei Dinge wirklich verstanden hat: daß der Islam, erstens, seine Probleme selbst und nach eigenen

Maßstäben lösen muß; und daß er, zweitens, vom Westen als vollgültiger und gleichberechtigter Partner ernst genommen und fair behandelt werden will. Dazu gehört wohl auch eine innere Fairneß, das heißt der Verzicht auf wechselnde politische Bündnisse nach Gutdünken. Hier kommt abermals der von uns erwähnte Begriff der „Ehre" ins Spiel.

Man kann nicht, um bei der Frage der Menschenrechte zu bleiben, aus Opportunitätsgründen Regierungen im Nahen Osten unterstützen, welche die Menschenrechte auf schlimmste Weise verletzen, und andere Staaten der Region vor den Kopf stoßen, gar als „Verbrecherstaaten" („rogue states") brandmarken mit dem Hinweis, sie verletzten die Menschenrechte. Wenn sich der Westen schon für Menschenrechte einsetzt, so sollte er bedenken, daß diese unteilbar sind. Auch wenn es Illusion sein mag, an eine vollkommen widerspruchsfreie Politik in dieser Hinsicht zu glauben (es gab sie bisher niemals und nirgends), so könnte man doch zumindest versuchen, ein wenig glaubwürdiger zu werden. Dies würde auch auf die Muslime Eindruck machen, vor allem im Hinblick auf die Behandlung Israels. Betont werden muß in diesem Zusammenhang, daß es nicht darum gehen kann, ein neues „Feindbild" Israel aufzubauen. Es geht allein um die Frage, ob ein politischer und darüber hinaus umfassender friedlicher Ausgleich zwischen Arabern und Israelis, Muslimen und Juden auf der Grundlage einer gänzlichen Ungleich-Behandlung, wie sie bis zum heutigen Tage geübt wird, möglich ist.

Zu den größten Problemen der Region gehört die Existenz von Massenvernichtungswaffen. Das hat zuletzt die jüngste Krise um den Irak gezeigt. Die arabische Welt sieht nicht ein, warum sie Abrüstungs-Forderungen Genüge tun soll, die zu erfüllen Israel nicht bereit ist. Daß Israel von einer Welt von Feinden umgeben sei und deshalb diese Waffen nötiger denn je brauche, ist nach den

Abmachungen von Oslo nicht mehr wahr. In den neunziger Jahren war die übergroße Mehrheit der arabischen Staatsmänner zum Frieden mit Israel bereit. Außerdem hätte Israel es ja in der Hand, durch eine konziliantere und offenere Politik gegenüber den Nachbarn deren Friedfertigkeit noch erheblich zu fördern. Es tut jedoch seit dem Amtsantritt des Ministerpräsidenten Netanjahu das Gegenteil. Entwaffnung im Nahen Osten kann nicht heißen, sie dem Irak (oder anderen Ländern) mit Gewalt zu verordnen, ohne daß über die israelischen Massenvernichtungswaffen überhaupt einmal gesprochen wird. Daß Israel eine Demokratie ist mit anderen Entscheidungsmechanismen als im Irak, ist gleichwohl wahr. Dies kann jedoch die andere Seite, die Israel bisher nur als den Hegemon erlebt hat, nicht im selben Maß beruhigen wie den Westen.

Kommentierte Auswahlbibliograpie

Vorwort

Der hier gleich zu Beginn hervorgehobene Kontrast zwischen einer sich immer weiter säkularisierenden „christlichen“, westlichen Welt und traditionellen Kulturen wie dem Islam, die auf ihrer alten Identität beharren wollen, ist vielleicht am radikalsten dargestellt worden von:

Rene Guénon: Die Krisis der Neuzeit, Köln 1950.

Der 1951 in Kairo gestorbene Guénon, der sich nach Studien der Mathematik dem Hinduismus und dem Islam verschrieb, war auf seine Weise ein Fundamentalist, der ganz in die „Patriarchenluft des reinen Ostens“ (Goethe) flüchtete und dazu neigte, die zivilisatorischen Errungenschaften der westlichen Moderne gering zu achten. Gleichwohl hat er bis heute eine Reihe von westlichen und orientalischen Adepten gefunden, zu denen so bekannte Intellektuelle wie der iranische, in Amerika lehrende Philosoph Sejjed Hussein Nasr („Die Erkenntnis und das Heilige“, Düsseldorf 1990) und der Esoteriker Frithjof Schuon („Den Islam verstehen“, Freiburg, Basel, Wien 1993) gehören. Deren Werke über den Islam, über die westliche Aufklärung und über Möglichkeiten einer Synthese sind alle lesenswert. All diese Autoren sehen im weitgehend irreligiös gewordenen Westen den eigentlichen „Ausreißer“ aus dem breiten, uralten Strom einer „sophia perennis“ mit ihren metaphysischen Wahrheiten, wie auch Platon sie lehrte.

Der ganz diesseitige, im metaphysischen Sinne nihilistische Charakter der europäischen Moderne ist auch das zentrale Thema des rumänischen Philosophen E. M. Cioran, der selbst in den Paradoxien des mystischen Denkens beheimatet ist und das gebrochene Verhältnis der westlichen Moderne zur religiösen Transzendenz in seinen an Nietzsche geschulten aphoristischen Werken auf ambivalente Weise beleuchtet. Ist Cioran ein agnostischer Mystiker?

Sein ständiges Hadern mit Gott über die Frage, warum er eine so „sinnlose Welt" geschaffen habe, erinnert an das Verhalten mittelalterlicher Mystiker des Islams, denen diese aufreizenden Fragen auch nicht fern lagen. Der Islam kennt den Begriff „al-makr", den man übersetzen könnte mit „listiges Hadern mit Gott". Auch islamische Sufis gaben in knapp gefaßten theopathischen Aussprüchen oft ihre zugespitzten Meinungen über Gott und die Welt zum Ausdruck.

Zur fortschreitenden Entkirchlichung und Entchristlichung großer Teile Europas äußert sich unter anderem:

Rupert Lay: Nachkirchliches Christentum, Frankfurt am Main 1996.

Den Verfall traditioneller, zum großen Teil in der Religion gründender Werte im Westen dokumentiert in vielen Einzelheiten treffend:

Udo Schäfer: Der Bahai in der modernen Welt, Hofheim-Langenhain 1978.

Dort besonders die beiden ersten Kapitel mit den Überschriften „Am Ende der Religion?" und „Die Physiognomie der säkularen Welt". Schäfer, der sich zur Bahai-Religion bekennt, führt hier Belege von führenden westlichen Kulturkritikern zwischen Nietzsche und Horkheimer an. Was nach Schäfer vom Christentum heute übriggeblieben ist, ist eine säkulare Religion des Sozial-Heils.

In seinem schmalen, aber um so inhaltsreicheren Werk „Die acht Todsünden der zivilisierten Menschheit", München 1972, hat der Nobelpreisträger und Vater der Verhaltensforschung Konrad Lorenz die verheerenden Folgen des „Abreißens der Tradition" für die Kultur (jede Kultur) deutlich gemacht.

Diese Kritik ist um so ernster zu nehmen, als Lorenz alles andere war als ein „klerikal" gesinnter Denker, sondern ein empirischer Wissenschaftler, der durchaus mit der Kirche haderte.

Eine lesenswerte Auseinandersetzung zwischen dem Weltbild des Positivismus und traditionellen Werten bieten auch die Werke des amerikanischen Naturwissenschaftlers und Philosophen Ken Wilber. Wilber akzeptiert, anders als viele konservative Esoteriker, ausnahmslos die Errungenschaften der Moderne (Ausdifferenzierung aller Wissensfelder), auch den wissenschaftlichen Positivismus, weist ihm jedoch seinen eindeutig umgrenzten Platz in der Hierarchie des Denkens und Forschens zu. Nur in einer der drei Popper'schen Welten (in der objektiven Welt des „Es") habe der Positivismus Gültigkeit. Der Positivismus habe jedoch – nicht zuletzt durch seine sichtbaren Erfolge – alle übrigen Gebiete des Geistigen gewissermaßen kolonisiert. Davon gelte es, wieder Abstand zu nehmen, nicht durch Regression, sondern Integration. Wichtigste Publikationen zu diesem Thema:

Ken Wilber: Kosmos, Eros, Logos. Eine Vision an der Schwelle zum nächsten Jahrtausend, Frankfurt am Main 1996
Naturwissenschaft und Religion. Die Versöhnung von Wissen und Weisheit, Frankfurt am Main 1998.

Der „Tarich"

Die allmähliche wissenschaftliche Entschleierung des Islams, die Entdeckung seiner eigenständigen und eigentümlichen Geschichte, des „Tarich“, im Abendland ist unter anderem Thema folgender Werke:

Johann Fück: Die arabischen Studien in Europa, in: Beiträge zur Arabistik, Semitistik und Islamwissenschaft, Leipzig 1944.

Maxime Rodinson: Die Faszination des Islams, München 1987.

Albert Hourani: Der Islam im europäischen Denken, Frankfurt am Main 1994.

Wolfgang Günter Lerch: Unstillbare Sehnsucht nach Arabien. Johann Jakob Reiskes Bild des Islams, in: Frankfurter Allgemeine Zeitung vom 31. Januar 1998, Bilder und Zeiten.

Die Gestalt des großen Orientalisten und Gräzisten Reiske ist auch Thema eines Kapitels in dem Werk von

Karl-Josef Kuschel: Vom Streit zum Wettstreit der Religionen. Lessing und der Islam im Zeitalter der Aufklärung, Düsseldorf 1998.

In diesem Buch wird zum erstenmal ausführlich die große geistige Nähe Lessings zum Islam dokumentiert.

Das zugänglichste Originalwerk über das Leben des Propheten Muhammad in unserer Sprache ist die „Sirat rasul Allah“ von Ibn Ishaq in der Bearbeitung des Ibn Hischam, ins Deutsche übertragen von Gernot Rotter, Professor in Hamburg, unter dem Titel „Das Leben des Propheten“, Bibliothek arabischer Erzähler, Stuttgart 1982. Unter den zahlreichen westlichen Biographien des Propheten hat unlängst in Ägypten wegen ihres radikal-positivistischen, letztlich atheistisch-marxistischen Zuganges zum Stoff für Aufregung gesorgt:

Maxime Rodinson: Mohammed, Luzern/Frankfurt 1975.

Konservativer gehalten ist als Standardwerk:

Rudi Paret: Mohammed und der Koran, Stuttgart 1991.

Von Rudi Paret, der Professor an der Universität Tübingen war, stammt auch die heute im deutschsprachigen Raum am häufigsten verwendete wissenschaftliche Übersetzung des Korans mitsamt der Konkordanz. Wer der Poesie des heiligen Buches nachlauschen möchte, sei hingegen auf die Koran-Übersetzung des deutschen Dichters und Orientalisten Friedrich Rückert hingewiesen, die zuletzt 1995 neu herausgegeben worden ist. Rückerts Übertragung kann wenigstens einen bescheidenen Einblick in das Wesen der arabischen Reimprosa geben.

Zur Geschichte des Islams aus westlicher Feder möchte ich empfehlen:

Carl Brockelmann: Geschichte der islamischen Völker und Staaten, München/Berlin 1943 (Nachdruck Hildesheim 1977).

Albert Hourani: Geschichte der arabischen Völker, Frankfurt am Main 1991.

An diesem Werk hervorzuheben ist, daß der Autor, selbst arabischer Herkunft, die Existenz einzelner arabischer Völker hervorhebt und damit der Ideologie des arabischen Nationalismus widerspricht. Sie kennt nur eine arabische Nation.

Bernard Lewis: Stern, Kreuz und Halbmond. 2000 Jahre Geschichte des Nahen Ostens, München 1997.

Dieser Autor, Emeritus der Orientalistik in Princeton, legt eine Darstellung islamischer Geschichte vor, in der Ereignisgeschichte und Kulturgeschichte der gesamten Region miteinander verwoben sind, und zwar seit der Entstehung des Christentums. Deutlich wird, was vielerorts in Vergessenheit geraten ist: Auch das Christentum kommt aus dem Vorderen Orient.

Eine noch immer besonders gediegene Einführung in Lehre und Praxis des Islams ist:

Richard Hartmann: Die Religion des Islam, Berlin 1944 (zuletzt Darmstadt 1987).

Eine Religion der Extreme?

Aus der unablässig anschwellenden Literatur über den Islamismus („Fundamentalismus"), das eine „Extrem" des Islams, informiert (zum Beispiel über die Person von Sajjid Qutb, der eine der Quellen unserer Zitate ist):

Gilles Kepel: Der Prophet und der Pharao. Das Beispiel Ägypten: Die Entwicklung des muslimischen Extremismus, München 1995. Vom selben Autor stammt: *Die Rache Gottes. Radikale Moslems, Christen und Juden auf dem Vormarsch, München 1991.*

Bisher nur auf Arabisch erschienen ist Sajjid Qutbs einflußreiche Abhandlung „Ma'alim fi tariq" („Wegmarken"), während seine schon 1946 entstandene Autobiographie „Tifl min al Qarya" („Ein Kind aus dem Dorf") 1998 im Unionsverlag auf deutsch publiziert wurde.

Zu Ibn Taimijja, dem mittelalterlichen Zitat-Geber, lohnt sich die Lektüre von:

Emmanuel Sivan: Radical Islam, Yale N.Y. 1985.

Eine stimmige Analyse des Islamismus hat der ehemalige Nahost-Korrespondent der „Neuen Zürcher Zeitung", Arnold Hottinger, vorgelegt: Islamischer Fundamentalismus, Paderborn 1993. Sehr nützlich ist auch die vom selben Autor stammende Sammlung: Allah heute, Zürich 1981. Das Büchlein enthält übersetzte Texte der islamischen Erneuerungsbewegung seit der zweiten Hälfte des 19. Jahrhunderts, das heißt von der Salafija bis zum „Fundamentalismus".

Grundlegende Analysen des Islamismus liefern auch die in der Reihe „Suhrkamp taschenbuch wissenschaft",

Frankfurt am Main, erschienenen Arbeiten von Bassam Tibi: Der Islam und das Problem der kulturellen Bewältigung sozialen Wandels, 1985; Die Krise des modernen Islams, 1991; Islamischer Fundamentalismus, moderne Wissenschaft und Technologie, 1992. Letzteres Werk ist besonders wichtig für die Tendenz einer angestrebten „Entwestlichung des Wissens".

Die Bücher von Abul Ala al-Maududi (auch Mawdoody), des vielleicht einflußreichsten islamistischen Theoretikers unserer Tage, sind meistens in Lahore, Pakistan, erschienen, so zum Beispiel: The Islamic Law and Constitution, 1980, und: Fundamentals of Islam, im gleichen Jahr.

Zahlreicher noch ist die Literatur über das andere „Extrem", den inneren, mystischen Islam. Man kann im Westen mittlerweile geradezu von einer Sufi-Welle sprechen. Aus der Fülle der nicht immer zuverlässigen Publikationen sei hervorgehoben:

Hellmut Ritter: Das Meer der Seele. Gott, Mensch und Welt in den Geschichten des Fariduddin Attar, Berlin 1955.

Dieses großartige Werk des deutschen Orientalisten erschließt anhand der Dichtungen dieses berühmten Persers die ganze Innenwelt des Sufismus.

Als systematisches Standardwerk kann gelten:

Annemarie Schimmel: Mystische Dimensionen des Islams, Köln 1985 (darin ein umfangreiches Literaturverzeichnis, das alle wichtigen Werke enthält). Diese Autorin hat sich auch besonders um die Erforschung der Gedankenwelt des Mystikers al-Halladsch verdient gemacht, unter anderem: Al-Halladsch, Märtyrer der Gottesliebe, Köln 1967.

Die wohl erste romanhafte Gestaltung des Lebens und Wirkens von al-Halladsch stammt von:

Wolfgang Günter Lerch: Tod in Bagdad oder Leben und Sterben des al-Halladsch, Düsseldorf 1997.

Eine repräsentative Sammlung von sufischen Texten, die einen Zeitraum von annähernd tausend Jahren umspannen, ist:

Richard Gramlich: Islamische Mystik, Stuttgart 1992.

Analyse oder Feindbild?

Die „Huntingtonologie“ ist fast schon ein eigener Forschungszweig der internationalen Politik wie der Orientalistik geworden. Sein Buch hat jedenfalls die Diskussion um den Begriff „Feindbild“, die so neu nicht ist, wiederbelebt. Zunächst erschien seine These als Aufsatz:

Samuel P. Huntington: The Clash of Civilizations?,
in: Foreign Affairs, Summer 1993.

Dann wurde sie als Buch vorgelegt:

Samuel P. Huntington: Kampf der Kulturen, München/Wien 1997.

Gewissermaßen der Patriarch der zeitgenössischen Feindbild-Diskussion über den Islam ist der aus Palästina stammende amerikanische Literaturprofessor Edward W. Said, der mit seinem Buch „Orientalism“, London 1978 (deutsche Fassung Berlin 1981), die Diskussion in prononcierter, doch auch einseitiger Weise vom Zaune brach. Said beschuldigte die westliche Wissenschaft, mit der Schaffung eines „Orientalismus“ habe sie sich einen Orient zurechtgemacht, wie ihn imperialistische Poltik und Wirtschaft damals benötigten. Freilich war sein Ansatz, einmal über das westliche Vorverständis der Kulturwissenschaften zu sprechen, äußerst anregend.

Zu Huntingtons These haben inzwischen bekannte Forscher Stellung genommen, so:

Bassam Tibi: Krieg der Zivilisationen. Politik und Religion zwischen Vernunft und Fundamentalismus, Hamburg 1995.

Peter Heine: Konflikt der Kulturen oder Feindbild Islam. Alte Vorurteile, neue Klischees, reale Gefahren, Freiburg/ Basel/Wien 1996.

Oftmals polemisch zugespitzt setzt sich mit der These Saids und mit den Feindbild-Warnern auseinander:

Siegfried Kohlhammer: Die Feinde und die Freunde des Islam, Göttingen 1996.

Der Autor legt in diesem Buch dar, daß es nicht genügt, Kritiker des gegenwärtigen Erscheinungsbildes des Islam als bösartige oder ahnungslose Fabrizierer eines Feindbildes zu desavouieren, erst recht nicht aus einer romantischen Dritte-Welt-Sicht des Islams heraus.

Die Sicht des Westens durch die Muslime wird dargestellt in folgenden Arbeiten:

Rotraut Wieland: Das Bild der Europäer in der modernen arabischen Erzähl- und Theaterliteratur, Beirut 1980.

Bernard Lewis: Die Welt der Ungläubigen, Berlin 1983.

Der Autor schildert in diesem Buch, daß nicht nur der Westen den Islam „entdeckt" hat, sondern umgekehrt auch der Osten mit dem Westen kommunizierte. Dabei war freilich kennzeichnend, wie lange es dauerte, bis Orientalen zum Beispiel ein wirkliches Interesse an westlichen Sprachen oder Kulturen zeigten, überhaupt an allen Bereichen, die über das rein Militarische hinausgingen.

Dazu auch:

Bernard Lewis: Der Atem Allahs. Die islamische Welt und der Westen – Kampf der Kulturen, München 1994.

Zu dem auch in diesem Kapitel angesprochenen Islamismus („Fundamentalismus") siehe sonst die Angaben zum vorigen Kapitel.

Grundlegend zu dieser Thematik ist noch immer, was einer der Stammväter der modernen Orientkunde geschrieben hat:

Ignaz Goldziher: Vorlesungen über den Islam (zuletzt Heidelberg 1925).

Als umfassende Einführung kann gelten:

N. J. Coulson: A History of Islamic Law, Edinburg 1964.

Ansonsten halte man sich an die Arbeiten von Joseph Schacht, des maßgeblichen Scharia-Forschers der letzten Jahrzehnte.

Wie das religiöse Gesetz des Islams den Alltag prägt, zeigt sehr gut:

Ernest Gellner: Leben im Islam. Religion als Gesellschaftsordnung, Stuttgart 1985.

Eine für die westlichen Kategorien verständliche Darstellung des islamischen Strafrechts ist:

Adel El-Baradie: Gottes-Recht und Menschenrecht. Grundlagenprobleme der islamischen Strafrechtslehre, Baden-Baden 1983.

Zur Differenz zwischen Scharia und den Vorstellungen der zeitgenössischen Menschenrechte ist sehr klar:

Bassam Tibi: Im Schatten Allahs. Der Islam und die Menschenrechte, München 1994.

Der Autor plädiert darin für eine „von innen“ kommende Reform der Scharia, da deren Abschaffung und gänzliche Aufhebung illusionär ist.

Als Einführung in die islamische Philosophie ist noch immer brauchbar:

T. J. de Boer: Geschichte der Philosophie im Islam, Stuttgart 1901.

Als moderne Ergänzung, die sich auch kurzgefaßt der iranischen „Philosophie der Erleuchtung" (ishraq) widmet, kann herangezogen werden:

Majid Fahkry: A Short Introduction to Muslim Philosophy, Theology and Mysticism (darin auch eine ausreichende Bibliographie), Oxford/Rockport 1997.

Der Autor ist einer der führenden zeitgenössischen Kenner der islamischen Philosophie.

Der deutsche, in Göttingen lehrende Arabist Tilman Nagel hat zwei Werke vorgelegt, die sich mit den verschiedenen Schulen der Theologie und mit den Schicksalen des islamischen Rationalismus auseinandersetzen: Geschichte der islamischen Theologie, München 1994; Die Festung des Glaubens. Triumph und Scheitern des islamischen Rationalismus im 11. Jahrhundert, München 1988. Zur Theologenschule der Mu'tazila und zur frühislamischen Theologie sind bahnbrechend die Arbeiten des Tübinger Islamkundlers Josef van Ess.

Zu den einzelnen Denkern möchte ich jeweils nur ein Werk empfehlen:

Leben und Denken al-Ghazalis stellt dar: W. Montgomery Watt: The Faith and Practice of Ghazali, London 1953. Der in Amerika tätige arabische Gelehrte Muhsin Mahdi widmete sich unter anderem al-Farabi: Alfarabi's Philosophy of Plato and Aristotle, New York 1962. Umfangreich ist die Literatur zu Ibn Sina (Avicenna). Ich empfehle: W. E. Gohlman: The Life of Ibn Sina, Albany 1974; nützlich ist das im Kapitel erwähnte Buch von Ernst Bloch: Avicenna und die aristotelische Linke, Frankfurt am Main 1963. Zu Ibn Rushd (Averroes) möchte ich einen Sammelband anführen, der vor allem die Wirkung des Averroes in Europa zum Thema hat: Friedrich Niewöhner/Loris Sturlese (Hrsg.): Averroismus im Mittelalter und in der Renaissance, Zürich 1994. Dieser Band enthält die Beiträge des 30. Wolfenbütteler Symposions, das vom 3. bis 6. November 1991 in der Herzog-August-Bibliothek stattfand. Die große Bandbreite der Rezeption des Ibn Rushd in der muslimischen Welt wird dargestellt in: Anke von Kügelgen: Averroes und die arabische Moderne. Ansätze zu einer Neubegründung des Rationalismus im Islam, Leiden 1994.

Der in München 1997 erschienene Band: Klassiker der Religionsphilosophie, hrsg. von Friedrich Niewöhner, enthält kundige Essays über al-Razi, Ibn Tufail, al-Ghazali und Ibn Rushd.

Auch in der Islamischen Republik Iran findet eine lebhafte, zuweilen feindselige Diskussion um die Aktualisierung der iranischen Philosophie in politischer Hinsicht statt, in deren Zentrum der Naturwissenschaftler und Philosoph Abdolkarim Sorusch steht. Leider sind von Sorusch im allgemeinen nur Mit-Schriften in persischer Sprache zugänglich. Aus der Feder von Valla Vakili stammt ein Aufsatz in englischer Sprache: Debating Religion and Politics in Iran: The Political Thought of Abdolkarim Soroush, Council on Foreign Relations, New York 1996. Im renommierten Verlag E. J. Brill/Leiden erschien 1994 von dem bekannten türkischen Forscher Şerif Mardin der Aufsatz: Cultural Transitions in the Middle East in der Reihe „Social, Economic and Political Studies of the Middle East".

Das am Ende dieses Kapitels apostrophierte Werk von Roger Garaudy erschien ursprünglich auf Französisch unter dem Titel „Promesses de l'Islam", deutsch: Verheißung Islam, München 1992.

Eine kurzgefaßte, gut lesbare Geschichte des Osmanischen Reiches stammt von:

Josef Matuz: Das Osmanische Reich. Grundlinien seiner Geschichte, Darmstadt 1985.

Als Ergänzung dazu ist die bisher einzige Kulturgeschichte des Osmanischen Reichs in deutscher Sprache zu verwenden:

Suraiya Faroqhi: Kultur und Alltag im Osmanischen Reich. Vom Mittelalter bis zum Anfang des 20. Jahrhunderts, München 1995.

Als Lektüre lohnend ist noch immer der Klassiker der Reiseliteratur:

Helmuth von Moltke: Unter dem Halbmond. Erlebnisse in der alten Türkei 1835 – 1839.

Unter diesem Titel erschien dieses Werk zuletzt 1997, Stuttgart, Edition Erdmann. Der ursprüngliche Titel lautete: Briefe über Zustände und Begebenheiten in der alten Türkei aus den Jahren 1835 bis 1839. Moltkes Schilderungen, seit ihrem ersten Erscheinen immer wieder aufgelegt, überraschen bis heute durch die Frische und Unvoreingenommenheit ihres Blicks.

Das jüngste Standardwerk über die moderne Türkei ist:

Udo Steinbach: Die Türkei im 20. Jahrhundert. Schwieriger Partner Europas, Bergisch Gladbach 1996.

Eine wissenschaftlich genügende Biographie Atatürks existiert bis heute nicht. Die türkischen Darstellungen, denen viele europäische Autoren bisweilen auf den Leim gehen, sind oft unerträglich unkritisch und lobhudelnd. Durchaus nicht unkritisch und gut lesbar ist:

Dietrich Gronau: Mustafa Kemal Atatürk oder die Geburt der Republik, Frankfurt am Main 1994.

Für das Verständnis der islamischen Bewegungen in der Türkei ist grundlegend das Werk:

Islam und Politik in der Türkei, hrsg. von Jochen Blaschke und Martin van Bruinessen, Berlin 1989.

Dieses Buch zeichnet sich dadurch aus, daß es manche säkulare Mythen der Kemalisten aufs Korn nimmt und entlarvt.

Gründlich recherchiert ist das Buch von:

Günter Seufert: Café Istanbul. Alltag, Religion und Politik in der modernen Türkei, München 1997.

Über die vielschichtige, in der wissenschaftlichen Literatur schwer zugängliche Thematik des Alevitentums informiert noch immer grundlegend:

John K. Birge: The Bektashi Order of Dervishes, London 1937.

Vor einer zweiten Revolution?

Das Land der Rosen und Nachtigallen ist spätestens seit Goethe den gebildeten Deutschen mit seiner unverwechselbaren Kultur präsent. Die iranistische Literatur ist so umfangreich, daß man nur einige Schwerpunkte zur Religion und zur islamischen Revolution andeuten kann.

Auf geringem Raum informiert über Geschichte und Kultur der Iraner ein Werk des italienischen Pioniers der Iranistik:

Alessandro Bausani: Die Perser, Stuttgart 1965.

Neben dem Standardwerk über das Schiitentum von Moojan Momen: An Introduction to Shii Islam, Oxford 1985, ist zu empfehlen:

Heinz Halm: Die Schia, Darmstadt 1988; ders.: Der schiitische Islam. Von der Religion zur Revolution, München 1994.

Die Geschichte der Schia in Iran in ihrem Zusammenhang mit gesellschaftlichen Entwicklungen behandelt:

Yann Richard: Die Geschichte der Schia in Iran. Grundlagen einer Religion, Berlin 1983.

Ganz neu ist die Studie von:

Wilfried Buchta: Die iranische Schia und die islamische Einheit 1979–1996, Hamburg 1997.

In diesem Werk finden sich viele Informationen über Persönlichkeiten und Strömungen im revolutionären und nachrevolutionären Iran.

Nichts ist jedoch lehrreicher zum Verständnis persischen Geistes als die Lektüre der großen persischen Dichter des Mittelalters, eines Attar, Nezami, Hafis, Saadi, Dschami und vieler anderer, deren wichtigste Werke mittlerweile auch in neuen deutschen Übertragungen zugänglich sind. Hier haben sich als moderne Pioniere hervorgetan: Rudolf Gelpke und Johann Christoph Bürgel, deren Übertragungen iranischer Klassiker im Manesse-Verlang erschienen sind. Neu ist auch die „Orientalische Bibliothek" im Verlag C. H. Beck, München.

Islamkunde und Weltpolitik

Mit dem Vergleich zweier Kulturen, gar der Hervorhebung ihrer Gegensätzlichkeit betritt man heutzutage leicht vermintes Gelände, da für die Vertreter einer „political correctness" im Grunde jedes entschiedene Urteil einer Andersartigkeit der vorsätzlichen Diskriminierung gleichkommt. Dennoch ist die Zahl jener Werke, die sich mit der west-östlichen Gegensätzlichkeit befassen, groß.

Eines der tiefgründigsten, gleichzeitig jedoch knappsten stammt aus der Feder eines meiner ehemaligen F.A.Z.-Kollegen:

Harald Vocke: Im Duft der Zeit. Begegnungen mit dem Morgenland, Frankfurt am Main/Berlin 1988.

Dieses kundige Büchlein enthält auch zahlreiche Verweise auf die Orient-Reiseliteratur, deren beste Beispiele noch immer lehrreich sind für die Beurteilung der orientalischen Völker und ihrer Welt, etwa:

Edward W. Lane: An Account of the Manners and Customs of the Modern Egyptians (zuerst 1836), als Nachdruck, gründend auf einer Ausgabe von 1895, erschienen 1978 in Kairo und London.

Charles Montagu Doughty: Arabia Deserta. Mit einem Vorwort von T. E. Lawrence, London 1921.

Eine neuere deutsche Ausgabe, erschienen zuletzt 1982, enthält leider nur einen Teil des Textes und gibt deshalb den inneren, „arabischen" Rhythmus des Buches nicht wirklich wider. Doughty ist der unvergleichliche Poet der Wüste. Ihm zur Seite steht allenfalls:

Wilfred Thesiger: „Arabian Sands", deutsch: Die Brunnen der Wüste, zuletzt München 1990.

Dieses ebenfalls sehr poetische Werk behandelt die Durchquerung der südarabischen Wüste Rub al-Chali zusammen mit einer Gruppe hadramitischer Stammeskrieger.

Zu den großen Reiseschriftstellern des Orients gehören auch Frauen, von denen zwei stellvertretend genannt sein mögen:

Freya Stark: Ihre Werke „The Southern Gates of Arabia", „Baghdad Sketches" und „The Valley of Assasins" liegen mittlerweile auch in Deutsch vor: Die Südtore

Arabiens, Der Osten und der Westen, Im Tal der Mörder. Sie behandeln aus der Sicht der zwanziger und dreißiger Jahre das Leben im arabischen Irak, im südarabischen Hadramaut und in Persien.

Isabelle Eberhardt: Sandmeere, Frankfurt am Main 1981. In dieser vierbändigen deutschen Ausgabe ist auch das Hauptwerk der zum Islam übergetretenen Reisenden und Exzentrikerin, die 1904 in der algerischen Oase von Ain Sefra ums Leben kam, enthalten: Im heißen Schatten des Islam.

Schließlich sei auf die großartige, doch weitgehend unbekannte Reiseliteratur der Deutschen, Österreicher und Schweizer aus dieser Region hingewiesen. Nur einige Werke seien genannt:

Hermann von Pückler-Muskau: Semilasso in Nordafrika, 5 Bände 1836; und: Aus Mehmed Alis Reich, 3 Bände 1844.

Eine gekürzte Fassung letzteren Werkes liegt vor bei Manesse. Die Schilderungen des exzentrischen Fürsten bilden einen Höhepunkt der deutschsprachigen Literatur aus Nordafrika und dem arabischen Orient.

Gleiches gilt für den Schweizer

Johann Ludwig Burckhardt: Reisen in Arabien, enthaltend eine Beschreibung derjenigen Gebiete im Hedjaz, welche die Mohammedaner für heilig halten (zuletzt Stuttgart 1963).

Vergessen werden darf auf keinen Fall Goethes „West-östlicher Divan“, eine Anverwandlung orientalischen Geistes durch unseren größten Dichter, die in ihrer intuitiven Treffsicherheit an das Wunderbare grenzt.

Die rein politische Literatur zum Verhältnis zwischen Orient und Okzident ist zahlreich, vor allem seit den beiden Golfkriegen 1980 bis 1988 und 1990/91. Erwähnt seien:

Helmut Hubel: Das Ende des Kalten Kriegs im Orient, München 1995.

Helmut Hubel (Hrsg.): Nordafrika in der internationalen Politik, München 1988.

Die amerikanische Nahostpolitik seit dem Ende des Zweiten Weltkriegs bis Mitte der achtziger Jahre behandelt:

Christian Hacke: Amerikanische Nahost-Politik, Kontinuität und Wandel von Nixon bis Reagan, München 1985.

Zur Problematik des nahöstlichen Friedensprozesses ist zu empfehlen:

Wolfgang Günter Lerch: Brennpunkt Naher Osten. Der lange Weg zum Frieden, München 1996.

Die Lage unmittelbar nach der Kuweit-Krise beleuchtet eindringlich und kompakt:

Bassam Tibi/Anke Houben/Kai W. Dierke:
Die Golfregion zwischen Krieg und Frieden. Vom Golf-Krieg zu einer Neuordnung des Nahen Ostens, Hannover 1992.